프랑스어 작문

프랑스어 작문

김진수

머리말

프랑스어를 어느 정도 공부했어도 글을 써보려고 하면 막막하게 되는 일이 많습니다.

그래서 간단한 문형의 반복 학습을 통해서 문장을 만들어내는 일이나 조금 긴 문장을 쓰는 것을 위한 발판 역할로 이 책을 준비하게 되었습니다.

각 단원의 난이도는 문법 수준에 따라 차츰 올라갑니다. 그리고 여러 양상의 바탕은 다음과 같습니다.

1. 기본문형의 반복 훈련

A : Vous voulez passer votre commande, Monsieur ?
   주문하시겠습니까, 선생님?
B : Oui, voilà, une salade de tomates, des moules marinières et un steak-frites, s'il vous plaît.
   네, 토마토 샐러드, 홍합, 스테이크 프리트 부탁합니다.

2. 숙어, 관용어 지식의 활용

① Tel père, tel fils.
   부전자전 (父傳子傳) 그 아버지에 그 아들
② Vingt têtes, vingt habits.
   스무 명에 스무 개의 옷, 다양한 의견들
③ Après la pluie, le beau temps.
   비 온 뒤에 굳은 땅

3. 실용문에서의 활용

Recrutement 사원채용

Nous sommes à la recherche de personnel de vente. Expérience souhaitée mais pas indispensable.   판매 요원 구인. 경력자 우대 필수는 아님

NOM : René LACHAISE 성명 : 르네 라셰즈

ADRESSE : 18 rue de la rivière 69002 Lyon

주소 : 리옹 시 리비에르 가(街) 18번지 69002

ÂGE : 23   나이 : 23세

CÉLIBATAIRE / MARIÉ 독신/ 기혼   CÉLIBATAIRE 독신

4. 장문(長文) 자료의 활용

Il est né en Corse en 1769. Il est devenu Premier Consul de France en 1799. Il a fondé un Empire français en Europe. Il a épousé Joséphine de Beauharnais. Il a subi une défaite contre les Russes en 1812. On l'a envoyé à l'île d'Elbe en 1814, mais il est rentré en France. À Waterloo, il a été battu par l'armée de Wellington et des prussiens. On l'a envoyé en exil à Sainte-Hélène.

그는 1769년 코르시카에서 태어났다. 그는 1799년 제1 집정관이 되었다. 그는 유럽에 프랑스제국을 건설했다. 그는 조세핀 드 보하르네와 결혼했다. 그는 1812년 러시아에게 패했다.

사람들은 1814년 그를 엘베 섬으로 보냈지만 그는 프랑스로 돌아왔다. 그는 워털루에서 웰링톤과 프러시아 군대에 패했다. 사람들은 그를 세인트-헬레나로 유배를 보냈다.

『프랑스어 작문 Thème français』과 함께 유쾌한 프랑스어 학습 시간이 되기 바랍니다.

2023년 4월   김 진 수

차례

제1과   누구세요?
             Qui est-ce ?

제2과   엽서
             Une carte postale

제3과   오늘 날씨가 좋다.
             Il fait beau aujourd'hui !

제4과   멋진 공원이 있다.
             Il y a un beau parc

제5과   정오의 약속
             Rendez-vous à midi

제6과   나는 읽는다, 대답한다, 말한다
             Je lis, je réponds, je parle

제7과   나는 잠에서 깬다
             Je me réveille

제8과   산책
             La promenade

제9과   무엇을 갖고 있나요?
             Qu'est-ce que vous avez ?

제10과   나는 2년 전부터 프랑스어를 공부한다.
             J'étudie le français depuis deux ans.

제11과   나는 영화관에 간다.
             Je vais au cinéma.

Thème français

제12과   폴은 아무에게도 말하지 않는다.
         Paul ne parle à personne.
제13과   나는 프랑스어로 쓰기 시작한다.
         Je commence à écrire en français
제14과   나는 더욱 더 일한다.
         Je travaille de plus en plus.
제15과   어제
         Hier, ...
제16과   어느 부인이 빵집에서 나왔다.
         Une dame est sortie d'une boulangerie.
제17과   나는 오페라에 갔다.
         Je suis allé à l'Opéra.
제18과   무슨 생각을 하세요?
         A quoi pensez-vous ?
제19과   휴가 중
         En vacances
제20과   필립은 멋지고 지적이다.
         Philippe est beau et intelligent.

프랑스어 작문

제1과
누구세요?
Qui est-ce?

1 누구세요?   Qui est-ce ?

주요 표현

s'appeler 이름이 ~이다
Je m'appelle Marie Vincent.
내 이름은 마리 뱅상이다.

avoir ...ans 몇 살이다
J'ai dix-sept ans.
나는 17살이다.

se lever 일어나다
Je me lève à six heures et demie.
나는 6시 반에 일어난다.

tous les matins 아침마다
Tous les matins je prends un bon petit déjeuner.
아침마다 나는 좋은 아침 식사를 한다.

donner sur -에 접해있다.
La salle à manger donne sur le jardin.
식당은 정원에 접해있다.

표현 연습 1

1 다음 문장을 완성시켜보시오.

① Je _____ Robert.
내 이름은 로베르이다.

② J'_____ dix-sept ____ .
　나는 열일곱 살이다.

③ Je _____ à six heures et demie.
　나는 여섯시 반에 일어난다

④ _____, je prends un bon petit déjeuner.
　아침마다 나는 좋은 아침식사를 한다.

⑤ La salle à manger _____ le jardin.
　식당은 정원에 접해있다.

2 다음 질문에 답해보시오.

① Comment vous appelez-vous ?
　이름이 뭐지요?
　_____

② Quel âge avez-vous ?
　몇 살인가요?
　_____

③ A quelle heure vous levez-vous tous les matins ?
　매일 아침 몇 시에 일어나나요?
　_____

3 알맞은 표현을 골라 써 보시오.

s'il vous plaît	enchanté	ne suis pas	m'appelle	suis
부탁합니다	반가운	나는 ~가 아니다	이름이 ~이다	~입니다

A : Bonjour, Madame.
    안녕하세요 부인.

B : Bonjour, Monsieur. Vous êtes Monsieur Richard ?
    안녕하세요 선생님. 리샤르 씨이신가요?

A : Non, je _____ Monsieur Richard. Je _____ René Lachaise.
    아니오. 저는 리샤르가 아닙니다. 저는 르네 라셰즈입니다.

B : Oh pardon, Monsieur Lachaise. Enchantée de faire votre connaissance.
    Je _____ Louise Delaporte.
    죄송합니다, 라셰즈 씨. 뵙게 되어 반갑습니다.

A : Je suis _____ de faire votre connaissance.
    만나서 반갑습니다.

B : Vous prenez du café, ou du thé ?
    커피 아니면 차를 드실래요?

A : Du café, _____
    커피 부탁합니다.

4 다음을 읽고 답을 써보시오.

FORMULAIRE DE DEMANDE
신청 양식

NOM :   **René LACHAISE**

성명 :   르네 라셰즈

ADRESSE : **18 rue de la rivière 69002 Lyon**

주소 :   리옹 시 리비에르 가(街) 18번지 69002

ÂGE :   **23**

나이 :   23세

CÉLIBATAIRE / MARIÉ : **CÉLIBATAIRE**

독신 / 기혼 : 독신

<보기> Je m'appelle René Lachaise.
         내 이름은 르네 라셰즈입니다.

① Je m'appelle _____
   내 이름은 ~입니다.

② J'habite _____
   주소는 ~입니다.

③ J'ai _____
   나이는 ~입니다.

④ Je ne suis pas _____, je suis _____
   나는 ~가 아니고 ~입니다.

5 공란을 채워보시오.

RENSEIGNEMENTS PERSONNELS
개인 정보

NOM 성(姓) _____

PRÉNOM 이름 _____

ÂGE 나이 _____

NATIONALITÉ 국적 _____

MARIÉ / CÉLIBATAIRE 기혼/ 독신 _____

ADRESSE 주소 _____

_____

6 알맞은 말로 빈칸을 채워보시오.

Daniel : Permettez-___ de __ présenter. Je ____-
appelle Daniel Souchon.
제 소개를 드리겠습니다. 제 이름은 다니엘 수숑입니다.
_____ viens d'arriver. _____ ai à
peine fini de sortir _____ valises de la voiture.
저는 방금 도착했고 지금 막 차에서 짐들을 꺼냈습니다.

Jean : Enchanté de faire _____ connaissance, Jean Duroy, ma
femme, Irène.
만나게 되어 반갑습니다. 저는 장 뒤로아이고 이쪽은 제 처 이렌입니다.

Daniel : Je _____ présente ma femme Cécile.
제 처 세실을 소개합니다.

Jean : Enchanté.
　　　　반갑습니다.

Cécile : Enchantée.
　　　　반갑습니다.

7 다음 편지를 읽고 대화를 완성시켜 보시오.

> Chère maman,
>
> 　Nous sommes bien arrivés cet après-midi. La maison est bien meublée et très confortable. Nous avons un petit jardin. M. Salord, le propriétaire, a été très accueillant. Daniel est en train de prendre une douche, puis on va dîner en ville. Demain on va visiter la région à bicyclette.
> Grosses bises.
>
> 　　　　　　　　　　　　　　　　　　　　　　　　　　　　Cécile
>
> 정다운 엄마에게
> 　우리는 오늘 오후에 잘 도착했어요. 집은 가구를 잘 갖추고 있고 쾌적합니다. 작은 정원이 있어요. 주인인 살로르 씨는 아주 따뜻하게 맞아주었어요. 다니엘은 샤워 중이고 우리는 잠시 후에 시내에서 저녁식사를 할 겁니다. 내일은 자전거로 이 지역을 둘러볼 겁니다.
> 　뽀뽀를 보내며
>
> 　　　　　　　　　　　　　　　　　　　　　　　　　　　　세실

(세실의 어머니인 발레리는 친구에게 전화한다.)

Valérie : Allô, Hélène ? C'est Valérie à l'appareil.

여보세요 엘렌 ? 발레리야.

Hélène : Allô, Valérie, ça va ?
여보세요 발레리 잘 지내 ?

Valérie : Oui, _____
그래, 잘 지내 고마워.

Hélène : Ils sont arrivés hier matin, n'est-ce pas ?
그들은 어제 아침에 도착했지 그렇지?

Valérie : Non, _____
아니 그들은 오늘 오후에 도착했어

Hélène : La maison est bien meublée ?
집은 가구를 잘 갖췄어?

Valérie : Oui, _____
응. 잘 갖췄어.

Hélène : Personne ne les a accueillis ?
아무도 맞아준 사람은 없고?

Valérie : Si, _____
왜 아니야. 주인 살로르 씨가 맞아주었어

Hélène : Est-ce qu'ils ont fait la cuisine ?
그들은 요리도 해?

Valérie : Non, _____
아니, 그들은 시내에서 저녁식사 할거야.

Hélène : Demain, ils vont faire une promenade en voiture ?
내일은 차로 둘러볼거야?

1 누구세요?

Valérie : Je ne pense pas. _____
그렇게 생각 안 해. 그들은 자전거로 지역을 돌거야.

Hélène : Ah ! C'est bien... À bientôt, Valérie !
아, 잘 됐다. 조금 있다봐 발레리

Valérie : Au revoir, Hélène !
안녕 엘렌

표현연습1 해답

1 ① Je m' appelle Robert.

내 이름은 로베르입니다.

② J'ai dix-sept ans

나는 열일곱 살입니다.

③ Je me lève à six heures et demie.

나는 여섯시 반에 일어납니다.

④ Tous les matins, je prends un bon petit déjeuner.

매일 아침 좋은 아침식사를 합니다.

⑤ La salle à manger donne sur le jardin.

식당은 정원에 접해있습니다.

2 ① Je m'appelle KIM Chul-Soo.

제 이름은 김철수입니다.

② J'ai dix-huit ans.

나는 열여덟 살입니다.

③ Je me lève à six heures.

   나는 여섯 시에 일어납니다

3 A : Bonjour, Madame.

   안녕하세요 부인

B : Bonjour, Monsieur. Vous êtes Monsieur Richard ?

   안녕하세요 선생님, 리샤르 씨죠?

A : Non, je ne suis pas Monsieur Richard. Je suis René Lachaise.

   아니오, 저는 리샤르가 아닙니다. 저는 르네 라셰즈입니다.

B : Oh pardon, Monsieur Lachaise. Enchantée de faire votre connaissance.

   Je m'appelle Louise Delaporte.

   아! 죄송합니다. 라셰즈 씨. 만나게 되어 반갑습니다.

   저는 루이즈 드라포르트입니다,

A : Je suis enchanté de faire votre connaissance.

   만나게 되어 반갑습니다.

B : Vous prenez du café, ou du thé ?

   커피나 차 드실래요 ?

A : Du café, s'il vous plaît !

   커피 부탁합니다

4 ① Je m'appelle René Lachaise.

   제 이름은 르네 라셰즈입니다.

② J'habite 18 rue de la rivière, à Lyon.

   저는 리옹 시 리비에르 가(街) 18번지에 삽니다.

③ J'ai vingt-trois ans.

   저는 20살입니다.

1 누구세요?

④ Je ne suis pas marié, je suis célibataire.
   저는 기혼이 아니고 독신입니다.

5

RENSEIGNEMENTS PERSONNELS
개인 정보

NOM 성   KIM
PRÉNOM 이름   Sou-Hi
ADRESSE 주소   179 Changshindong Jongro-gu Séoul, Corée
NATIONALITÉ 국적 Coréenne (NATIONALITÉ 국적이라는 단어가 여성이라 여성 형용사로 쓰거나 la République de Corée 대한민국처럼 국가명을 쓰기도 한다.)
ÂGE 나이   22 ans
MARIÉ / CÉLIBATAIRE 기혼/독신 célibataire 독신

6

Daniel : Permettez-moi de me présenter.
        제 소개를 드리겠습니다.
        Je m'appelle Daniel Souchon.
        제 이름은 다니엘 수숑입니다.
        Je viens d'arriver. J'ai à peine fini de sortir mes (les) valises de la voiture.
        저는 방금 도착했습니다. 이제 막 가방에서 짐을 꺼냈습니다.
Jean   : Enchanté de faire votre connaissance, Jean Duroy, ma femme, Irène.
        만나게 되어 반갑습니다. 장 뒤로아입니다. 이 쪽은 제 처 이렌입니다.
Daniel : Je vous présente ma femme Cécile.
        제 처 세실을 소개합니다.

Jean : Enchanté.
반갑습니다.

Cécile : Enchantée.
반갑습니다.

7

Valérie : Allô, Hélène ? C'est Valérie à l'appareil.
여보세요, 엘렌. 발레리야.

Hélène : Allô, Valérie, ça va ?
여보세요 발레리, 잘 지내?

Valérie : Oui, ça va bien, merci.
응, 잘 지내, 고마워

Hélène : Ils sont arrivés hier matin, n'est-ce pas ?
그들은 어제 아침에 잘 도착했지?

Valérie : Non, ils sont arrivés cet après-midi.
아니, 그들은 오늘 오후에 도착했어.

Hélène : La maison est bien meublée ?
집은 가구를 잘 갖추었고?

Valérie : Oui, elle est bien meublée.
응, 잘 갖추었어,

Hélène : Personne ne les a accueillis ?
아무도 맞아주지 않았어?

Valérie : Si, Monsieur Salord, le propriétaire, les a accueillis.
왜 아니야, 집주인 살로르 씨가 그들을 맞이했어.

Hélène : Est-ce qu'ils ont fait la cuisine ?
그들은 요리를 했어?

Valérie : Non, ils vont dîner en ville.
          아니, 그들은 시내에서 저녁식사를 할 거야.
Hélène : Demain, ils vont faire une promenade en voiture ?
          내일 그들은 차로 한바퀴 돌거야?
Valérie : Je ne pense pas. Ils vont visiter la région à bicyclette.
          그렇게 생각안해. 그들은 자전거로 지역을 돌아볼거야
Hélène : Ah ! C'est bien... À bientôt, Valérie !
          아! 잘됐다. 곧 보자 발레리
Valérie : Au revoir, Hélène !
          안녕 엘렌

프랑스어 작문

제2과
엽서
Une carte postale

2 엽서
Une carte postale

주요 표현

aller bien 잘 지내다	J'espère que tu vas bien. 네가 잘 지내기를 바란다.
aller mieux 나아지다	Moi, je vais mieux aujourd'hui, merci. 저는 오늘 좀 나아졌습니다. 감사합니다.
se souvenir de ~을 기억하다	Cher Monsieur, je me souviens de vous. 선생님, 기억합니다.
se rappeler 회상하다	Je me rappelle la fête dont vous parlez aussi. 말씀하시기도 했던 축제가 생각납니다.
avoir l'intention de ~할 의도를 갖다	J'ai l'intention de vous donner ma réponse bientôt. 곧 답해드리려고 합니다.
à la montagne 산에서	Iras-tu à la montagne cette année ? 금년에 산에 갈거니?
passer une semaine 1주일을 보내다	Oui, je vais passer une semaine à la campagne. Je pars demain. 나는 1주일을 전원에서 보내려고 한다. 내일 떠난다.
penser à 생각하다	Je pense bien à toi. À bientôt ! 나는 너를 많이 생각한다. 곧 만나자.

표현 연습 2

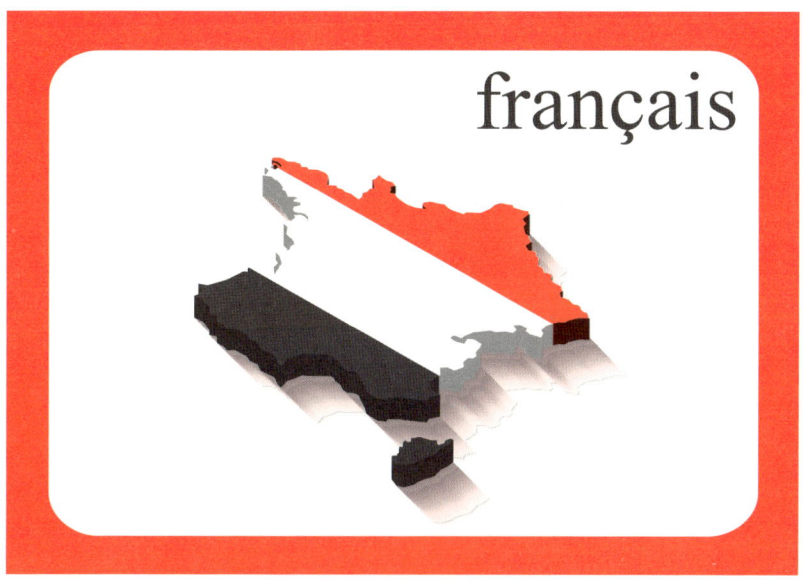

1 엽서를 프랑스어로 써보시오.

CARTE POSTALE

Chère Béatrice,
친애하는 베아트리스

_____
_____
_____
_____

Amicalement,
다정하게
_____

Mademoiselle Béatrice Levent
13, rue des Fleurs
75013 Paris
FRANCE

베아트리스 르방 양
플뢰르 가(街) 13번지
파리 13구, 프랑스

2 다음 문장을 완성시켜보시오.

① J'espère que tu _____.
나는 네가 잘 지내기 바란다.

② Moi, je _____ aujourd'hui, merci.
나는 오늘 상태가 좀 낫다. 고마워.

③ Iras-tu _____ cette année ?
너는 금년에 산에 갈거니?

④ Oui, je vais _____ une semaine à la campagne.
그래, 나는 시골에서 한 주일 보낼 것이다.

⑤ Nous _____ bien à vous.
우리는 당신을 많이 생각합니다.

3 아래 표현으로 대화를 완성시켜보시오.

> ai   avons   nous avons   eu   trouvé   fait de

Irène : On loue des vélos pour découvrir un peu la région ?
이 지역을 좀 둘러보려고 저전거를 빌릴까?

Daniel : Mais Cécile et moi, ____ fait cela hier.
하지만 세실과 나는 어제 했어.

Cécile : Mais nous n'_____ pas tout vu.
하지만 전부를 보지는 못했어,

Daniel : J'_____ quand même envie de faire autre chose aujourd'hui.
어쨌든 오늘은 다른 것을 하고 싶어.

Cécile : J'ai toujours _____ envie de faire du sport.
나는 늘 운동을 하고 싶어.

Daniel : J'ai _____ la planche à voile une fois, mais je n'ai pas
_____ ça très intéressant.
나는 요트를 한번 해봤는데 그다지 재미있지 않았어.

4 <보기>와 같이 빈칸을 채워보시오.

<보기> Isabelle et Sylvie **sont parties** louer des vélos. (partir)
이자벨과 실비는 자전거를 빌리러 떠났다.

① Voilà les lunettes de soleil que j'_____ dimanche dernier. (perdre)
자, 여기 내가 지난 일요일에 분실한 선글래스가 있다.

② J'ai perdu mon sac. Tu l'_____ ? (voir)
내 백을 잃어버렸어, 너 봤니?

③ Marc et moi, nous _____ à la maison à dix heures. (arriver)
마르크와 나, 우리는 집에 10시에 도착했다.

④ Ils_____ la boîte que j'_____ sur la table. (ouvrir/laisser)
그들은 내가 탁자 위에 둔 캔을 땄다.

⑤ Les enfants aiment beaucoup les cadeaux qu'ils_____. (recevoir)
어린이들은 그들이 받은 선물들을 아주 좋아했다.

5 질문에 답해보시오.

① Qu'avez-vous l'intention de faire cet après-midi ?
오후에 뭘 하고 싶나요?

② Où est votre meilleur ami à cette heure ?
지금 당신의 최고 친구는 어디 있나요?

③ Qu'aimez-vous faire le soir après le dîner ?
저녁 식사 후 밤에는 무엇을 하고 싶은가요?

④ Nommez trois fruits que vous aimez.
좋아하는 과일 세 가지의 이름을 대보시오.

⑤ Quel jour sommes-nous aujourd'hui ?
오늘은 몇월 며칠인가요?

6 질문에 답해보시오.

(편지 봉투)

Jacqueline Durand
10, rue des Jardins
75006 Paris

　　　　　　　　　Monsieur le Directeur Michel Dubois
　　　　　　　　　Bicyclettes Modernes
　　　　　　　　　232, Avenue du Parc
　　　　　　　　　75014 Paris

2 엽서

Paris, le 22 novembre 2023

Cher Monsieur,

 *Je suis très intéressée par votre catalogue. Pourriez-vous me le faire parvenir ?
Je voudrais acheter une bicyclette pour visiter la région où habite ma grand-mère.
Merci mille fois.*
Veuillez accepter l'expression de mes meilleurs sentiments.

Jacqueline Durand

귀하,
저는 당신의 카탈로그에 대단히 흥미를 갖고 있습니다. 그것을 보내주실 수 있나요?
저는 할머니가 살고 있는 지역을 둘러볼 자전거를 사고 싶습니다.
대단히 감사합니다.
저의 깊은 감정의 표현을 받아주십시오, (끝인사)   자크린 뒤랑

① Quelle est la date de la lettre ?
   편지를 쓴 날짜는?

② Qui a écrit la lettre ?
   편지를 쓴 사람은?

③ Que désire Jacqueline Durand ?
   자크린 뒤랑이 원하는 바는?

④ Pourquoi désire-t-elle acheter une bicyclette ?
   그녀는 왜 자전거를 사고 싶어하나요?

⑤ Quelle est l'adresse de Jacqueline Durand ?
   자크린 뒤랑의 주소는?

7 질문에 답해보시오.

① Comment allez-vous aujourd'hui ?
　　오늘 상태가 어떠세요?

② Comment va votre ami ?
　　당신 친구는 어떤가요?

③ Que faites-vous quand vous êtes malade ?
　　아플 땐, 무엇을 하세요?

④ Où allez-vous aujourd'hui ?
　　오늘 어디 가세요?

8 대화를 완성시켜보시오.

Le docteur　: Bonjour. _____ allez-vous aujourd'hui ?
　　　　　　　안녕하세요. 오늘 어떠세요?
Virginie　　: Je ne vais pas _____.
　　　　　　　상태가 별로 좋지 않습니다.
Le docteur　: Quel âge avez-vous ?
　　　　　　　몇 살이세요?
Virginie　　: J'ai ____ ans.
　　　　　　　18살입니다.

Le docteur　: Prenez ce médicament _____ les matins.
　　　　　　　아침마다 이 약을 드세요.
Virginie　　: Oui, docteur, merci.
　　　　　　　네, 의사 선생님, 감사합니다.

2 엽서

9 아래 엽서에 관해 답해보시오.

Strasbourg, le 17 mai 2024
Chère maman,
Je m'excuse de ne pas avoir écrit plus tôt.
Daniel va un peu mieux. Il espère sortir se promener demain et j'ai dit que je l'accompagnerais.
J'espère que tout va bien à la maison.
Grosses bises.
　　　　　　　　　　　　　　　Cécile

Madame Valérie Deschamps
25, rue des Anges
75009 Paris

스트라스부르, 2024년 5월 17일
사랑하는 엄마
더 일찍 편지를 못해서 미안해요.
다니엘은 상태가 좀 나아졌어요. 그는 내일 외출해서 산책하기를 바라고 나도 함께 하겠다고 말했어요.
집에 모든 일이 잘 되기 바라요,
뽀뽀　　　　　　　　　　　　　세실

발레리 데샹 부인
앙쥬 가(街) 25번지
파리 9구

10 알맞은 표현을 골라보시오.

　　　depuis　Mais　quand　sans　sauf　bien　mais

Cécile　: Nous sommes ici _____ presque quinze jours déjà.
　　　　　Nous nous sommes bien amusés.
　　　　　우리가 여기 있은지 벌써 거의 15일이 되어간다.
Daniel　: _____ je n'ai pas toujours été en bonne santé.
　　　　　하지만 나는 늘 건강이 좋지는 않았어.

Cécile : Tu n'as pas été malade, voyons, _____ pendant deux ou trois jours.
이봐, 너는 이틀이나 사흘 빼고는 아프지 않았어.

Daniel : Oui, mais _____ malade !
그래, 하지만 아팠어.

Cécile : Encore un peu d'eau, Jean ?
물 좀 더 줘, 장?

Jean : Volontiers.
기꺼이.

표현연습2 해답

1

Séoul, le 27 mars 2024
Chère Béatrice,
Comment vas-tu ?
Je suis bien arrivée à Séoul et je suis très contente de ma nouvelle vie... Je te la raconterai la prochaine fois.
Mes nouveaux voisins sont très gentils avec moi. Ne t'inquiète pas trop pour moi.

A bientôt !
Amicalement,

　　　　　　　　　　　　Julie

2024년 3월 27일 서울
　친애하는 베아트리스, 어떻게 지내? 나는 서울에 잘 도착했고 새 삶에 만족해하고 있어. 다음 번에 이야기해줄게. 새 이웃들은 내게 친절해, 나를 너무 걱정하지마.
　곧 보자 ! 다정하게　　　　쥴리

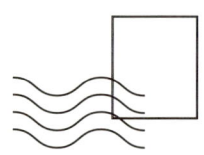

Mademoiselle Béatrice Levent

13, rue des Fleurs

75013 Paris

FRANCE

베아트리스 르방 양
플뢰르 가(街) 13번지
파리 13구, 프랑스

2 엽서

2 ① J'espère que tu vas bien.
   나는 네가 잘 지내기 바란다.
② Moi, je vais mieux aujourd'hui, merci.
   나는 오늘 상태가 좀 낫다. 고마워.
③ Iras-tu à la montagne cette année ?
   너는 금년에 산에 갈거니?
④ Oui, je vais passer une semaine à la campagne.
   그래, 나는 시골에서 한 주일 보낼 것이다.
⑤ Nous pensons bien à vous.
   우리는 당신을 많이 생각합니다.

3 Irène : On loue des vélos pour découvrir un peu la région ?
   이 지역을 돌아보려고 자전거를 빌릴까?

Daniel : Mais Cécile et moi, on a fait cela hier.
   하지만 세실과 나는 어제 했어.

Cécile : Mais on n'a pas tout vu.
   하지만 전부를 보지는 못했어.

Daniel : J'ai quand même envie de faire autre chose aujourd'hui.
   어쨌든 오늘은 다른 것을 하고 싶어.

Cécile : J'ai toujours eu envie de faire des sports.
   나는 늘 운동을 하고 싶어.

Daniel : J'ai fait de la planche à voile une fois, mais je n'ai pas trouvé ça très intéressant.
   나는 요트를 한번 해봤는데 그다지 재미있지 않았어.

4 ① Voilà les lunettes de soleil que j'ai perdues dimanche dernier.
자, 여기 내가 지난 일요일에 분실한 선글래스다.

② J'ai perdu mon sac. Tu l'as vu ?
내 백을 잃어버렸어, 너 봤니?

③ Marc et moi, nous sommes arrivés à la maison à dix heures.
마르크와 나, 우리는 집에 10시에 도착했다.

④ Ils ont ouvert la boîte que j'avais laissée sur la table.
그들은 내가 탁자 위에 둔 캔을 땄다.

⑤ Les enfants aiment beaucoup les cadeaux qu'ils ont reçus.
어린이들은 그들이 받은 선물들을 아주 좋아했다.

5 ① Je vais me promener. / Je vais chez le dentiste.
산책하겠습니다. / 치과에 가겠습니다.

② Il est chez lui. / Il est au café.
그는 자기 집에 있다. / 그는 카페에 있다.

③ J'aime regarder la télé.
나는 TV시청을 좋아한다.

④ J'aime les pommes, les oranges, les bananes ...
나는 사과, 오렌지, 바나나를 좋아한다.

⑤ Nous sommes le mercredi 24 avril 2024. / C'est le premier mai.
2024년 4월 24일 수요일이다. / 5월 1일이다.

6 ① C'est le 22 novembre 2023.
2023년 11월 22일입니다.

② C'est Jacqueline Durand.
자크린 뒤랑입니다.

③ Elle veut recevoir un catalogue pour acheter une bicyclette.
그녀는 자전거를 사기 위한 카탈로그를 갖고 싶어합니다.

④ Pour visiter la région où habite sa grand-mère.
할머니가 살고 있는 지역을 둘러보기 위하여
⑤ C'est 10, rue des Jardins 75006 Paris.
파리 제6구 자르댕 가(街) 10번지

7 ① Je vais bien, merci.
좋습니다. 감사합니다.
② Il va très bien.
그는 잘 지냅니다.
③ Je me repose. Je vais chez le docteur. Je prends un médicament.
나는 쉽니다. 병원에 갑니다. 약을 먹습니다.
④ Je vais au cinéma, à la gare,
영화관에 갑니다. 기차역에 갑니다.

8 Le docteur : Bonjour. Comment allez-vous aujourd'hui ?
안녕하세요. 오늘 어떠세요?
Virginie : Je ne vais pas très bien.
상태가 별로 좋지 않습니다.
Le docteur : Quel âge avez-vous ?
몇 살이세요.
Virginie : J'ai dix-huit ans.
18살입니다.
Le docteur : Prenez ce médicament tous les matins.
아침마다 이 약을 드세요.
Virginie : Oui, docteur, merci.
네, 의사 선생님, 감사합니다.

9

Paris le 21 mai 2024

Chère Cécile,
J'ai bien reçu ta jolie carte et je t'en remercie.
Papa et moi, nous allons bien tous les deux...
....
....
....
Bien à toi,
                                          Valérie

Mademoiselle Cécile Bonnet
28, rue des Anges
75009 Paris
France

2024년 5월 21일
사랑하는 세실
예쁜 엽서 잘 받았고 고맙다.
아빠와 엄마는 모두 잘 지낸다.
안녕(편지의 결구)   발레리

세실 보네 양
앙쥬 가(街) 28번지
파리 9구, 프랑스

10 Cécile : Nous sommes ici depuis presque quinze jours déjà.
　　　　　　Nous nous sommes bien amusés.
　　　　　　우리가 여기 있은지 벌써 거의 15일이 되어간다. 잘 즐겼다.

Daniel : Mais je n'ai pas toujours été en bonne santé.
　　　　　하지만 나는 늘 건강이 좋지는 않았어.

Cécile : Tu n'as pas été malade, voyons, sauf pendant deux ou trois jours.
　　　　　이봐, 너는 이틀이나 사흘 빼고는 아프지 않았어.

Daniel : Oui, mais bien malade !
　　　　　그래, 하지만 아팠어.

Cécile : Encore un peu d'eau, Jean ?
　　　　　물 좀 더 줘, 장?

Jean   : Volontiers.
　　　　　기꺼이.

프랑스어 작문

제3과
오늘 날씨가 좋다
Il fait beau aujourd'hui !

3 오늘 날씨가 좋다
Il fait beau aujourd'hui !

주요 표현

faire chaud 날씨가 덥다
Il fait chaud en été.
여름에는 덥다.

faire froid 날씨가 춥다
Il fait froid en hiver.
겨울에는 춥다.

faire beau 날씨가 좋다
Il fait beau au printemps.
봄에는 날씨가 좋다.

faire frais 신선하다
Il fait frais en automne.
가을에는 선선하다.

faire doux 온화하다
Il fait doux aujourd'hui. Je vais au parc.
날씨가 온화하다. 나는 공원에 간다,

pleuvoir 비가 오다
Quand il pleut, je reste à la maison.
비가 올 때 나는 집에 머문다.

neiger 눈이 오다
Quand il neige je vais au parc.
눈이 올 때 나는 공원에 간다.

se promener 산책하다
J'aime me promener dans le parc quand il neige.
눈이 올 때 나는 공원을 산책하기를 좋아한다.

chez moi 내 집에서   J'aime lire chez moi quand il pleut.
                              비 올 때 나는 집에서 책 읽기를 좋아한다.

en plein air 야외에서   J'aime être en plein air quand il fait beau.
                              날씨가 좋을 때 나는 야외에 있기를 좋아한다.

표현 연습 3

1 다음을 완성시켜보시오.

① Il _____ chaud en été.
여름에는 덥다

② Il fait _____ en hiver.
겨울에는 춥다

③ Il fait beau au _____.
봄에는 날씨가 좋다.

④ Il fait frais _____ automne.
가을에는 선선하다.

⑤ Il fait doux _____.
오늘은 날씨가 온화하다.

⑥ Quand _____ pleut, je reste à la maison.
비가 올 때 나는 집에 머문다.

2 질문에 답해보시오.

① Quel temps fait-il en été ?
여름에 날씨가 어떤가요?

② Quel temps fait-il en hiver ?
겨울에 날씨가 어떤가요?

③ Quel temps fait-il au printemps ?
봄에 날씨가 어떤가요?

④ Quel temps fait-il en automne ?
가을에 날씨가 어떤가요?

⑤ Quel temps fait-il aujourd'hui ?
오늘 날씨가 어떤가요?

⑥ Que faites-vous quand il pleut?
비 올 때 뭘 하나요?

3 다음을 읽고 답해보시오.

> Chère maman et cher papa,
> Comment allez-vous ? Moi, je vais bien. J'ai de bonnes nouvelles. Je ne suis plus étudiant maintenant - je travaille pour une grande agence de voyages : elle s'appelle Voyageurs internationaux et elle a des bureaux à Londres, Rome, New York et Madrid,
> 　　　Grosses bises,
> 　　　　　　　　　　　　　　　　　　　　　　　　　　René
> P.S. J'ai aussi une nouvelle copine. Elle s'appelle Claire. Elle est photographe.

3 오늘 날씨가 좋다

사랑하는 엄마 아빠,
잘 지내지? 나도 잘 지내. 좋은 소식이 있어. 나는 이제 학생이 아니고 국제여행자라는 여행사에서 일해. 런던, 로마, 뉴욕 그리고 마드리드에 지사가 있어.

뽀뽀 르네

P.S. 나는 새 친구도 생겼어, 이름은 클레르. 사진작가야.

<보기> René a de mauvaises nouvelles.

Non, il n'a pas de mauvaises nouvelles. Il a de bonnes nouvelles.

르네는 나쁜 소식이 있다. 아니오 그는 나쁜 소식이 없고 좋은 소식이 있다.

① René est étudiant.
르네는 학생이다.

② Voyageurs Internationaux est une petite agence de voyages.
국제 여행자는 작은 여행사이다.

③ Elle a trois bureaux.
회사는 세 개의 지사가 있다.

④ La nouvelle copine de René s'appelle Brigitte.
르네의 새 여자친구 이름은 브리지트이다.

⑤ L'amie de René est journaliste.
르네의 여자친구는 기자다.

4 아래 표현에서 골라 문장을 완성시켜보시오.

écris   fais   rends   joue   prépare   prépares   regarde   passe
ai   fais   joues   écris   joue   suis

Anne : Bonjour, René.
안녕 르네

René : Bonjour, Anne. Est-ce que tu as des projets pour ce soir ?
안녕 안느. 오늘 저녁에 스케줄 있어?
Je ne ____ rien, donc on se voit ?
나는 별일 없는데 만날까?

Anne : Je _____ désolée, René. Je _____ au tennis le lundi soir.
미안해 르네. 나는 월요일 저녁에 테니스를 해.

René : Tu _____ au tennis. Eh bien, demain, peut-être ?
Que ____-tu demain soir ?
테니스 하는구나. 그럼 내일은? 내일 저녁에 뭐해?

Anne : Demain, c'est mardi. Non, désolée, mais j'_____ l'espagnol le mardi.
Et le mercredi je ____ de la guitare.
내일, 화요일. 미안해, 화요일에는 스페인어를 공부하고 수요일에는 기타를 해.

René : Oh là là, mais c'est difficile ! Que fais-tu le jeudi et le vendredi ?
Tu __ des poèmes ? Tu ___ des repas chinois ?
오라라 ! 어렵다. 목요일 금요일에는 뭐해? 시를 쓰니 ?
중국음식 준비하니?

Anne : Non, je n'_____ pas de poèmes, et je ne _____ pas de repas chinois.
D'habitude, je _____ la télévision chez moi le jeudi et je _____ toujours visite à mes parents le vendredi.
아니, 나는 시(詩)도 안쓰고 중국음식도 준비하지 않는다.
보통 목요일은 집에서 TV를 보고 금요일에는 부모님 댁을 방문한다.

René	:	Et le week-end ? Que fais-tu le samedi et le dimanche ?
		주말에는? 토요일 일요일에는 뭐하니?
Anne	:	Je suis désolée, René, mais je _____ le week-end avec mon copain.
		미안해 르네, 주말은 남자 친구와 보낸다.

5 안느의 시간표를 써보시오.

lundi 월	mardi 화	mercredi 수	jeudi 목	vendredi 금	samedi 토	dimanche 일
					passer le week-end avec	

6 <보기>와 같이 질문과 대답을 만들어보시오.

> Vérifier l'huile et l'eau dans la voiture
> 승용차의 오일과 물을 점검하세요.
> Téléphoner au camping
> 캠핑장에 전화하세요
> Acheter du pain
> 빵을 사세요
> Aller à la banque
> 은행에 가세요
> Vérifier la tente
> 텐트를 점검하시오

<보기> Q : Est-ce qu'il a vérifié l'huile et l'eau dans la voiture ?

R : Oui, il les a vérifiées.

그는 차의 오일과 물을 점검했나요? 네, 그는 점검했습니다.

① Q : _____

　　R : _____

② Q : _____

　　R : _____

③ Q : _____

　　R : _____

④ Q : _____

　　R : _____

7 다음의 수를 철자로 풀어쓰시오

<보기> 2 kg de pommes de terre　　deux kilos de pommes de terre

감자 2 킬로그램

① 250 g de tomates　　토마토 250 그램

② 1/2 kg de pommes　　사과 1/2 킬로

③ 1 l. d'huile d'olive　　올리브유 1리터

④ 2 bouteilles de vin rouge　　적포도주 2병

⑤ 1 paquet de spaghettis　　스파게티 1봉지

8 질문과 대답을 만들어보시오.

Philippe et moi, nous nous sommes disputés hier. Il mange trop et ne fait jamais d'exercice. Il est vraiment gros ! Il mange des croissants et des céréales - avec beaucoup de sucre - pour son petit déjeuner, et d'habitude un hamburger ou une pizza pour son déjeuner. Je lui achète des yaourts et des fruits - puis j'ouvre le frigo et il est plein de bouteilles de bière, de hamburgers, et de pizzas ! Il aime le tennis et le football - mais seulement à la télévision ! Et il va avoir cinquante ans l'année prochaine. Qu'est-ce que je peux faire ?

필립과 나는 어제 다투었다. 그는 너무 많이 먹고 운동은 전혀 하지 않는다. 그는 정말 뚱뚱하다. 그는 아침으로 많은 설탕과 함께 크로상과 세례알을 먹고 점심으로는 햄버거나 피자를 먹는다. 나는 그에게 요구르트와 과일을 사주었고 냉장고를 여니 맥주, 햄버거, 피자가 가득차 있었다. 그는 테니스와 축구를 좋아하지만 TV로만 본다. 그는 내년이면 50이다. 나는 어떻게 해야 하지?

① hier / qui / est / disputé / s' ?

    Q : ....

    R : ....

② Philippe / l'exercice / fait / est-ce / de / que ?

    Q : ....

    R : ....

③ déjeuner / beaucoup / -t- / au / mange / il / petit ?

    Q : ....

    R : ....

④ la / hamburgers / achète / bière / de / des / qui / et ?

Q : ....

R : ....

9 <보기>와 같이 써보시오.

	petit déjeuner 아침식사	déjeuner 점심식사
Marc	pain, café 빵, 커피	sandwich ou omelette 샌드위치/오믈렛
Dominique	yaourt, jus de fruit 요구르트, 과일쥬스	salade 샐러드
Philippe	pain, croissants, céréales chocolat(à boire) 빵, 크롸상, 세레알 (마시는) 코코아	steak-frites ou pizza 스테이크-프리트/피자
Pascale	pain, café 빵, 커피, 사과	pizza, fromage, pomme 피자, 치즈

<보기> D'habitude, Marc prend du pain et du café pour son petit déjeuner.

Pour son déjeuner, il prend un sandwich ou une omelette.

보통, 마르크는 아침식사로 빵과 커피를 마신다.

점심으로 그는 샌드위치 또는 오믈렛을 먹는다.

① ...., Dominique

....

....

② ...., Philippe
....
....

③ ...., Pascale
....
....

표현연습3 해답

1 ① Il fait chaud en été. 여름에는 덥다.
② Il fait froid en hiver. 겨울에는 춥다.
③ Il fait beau au printemps. 봄에는 날씨가 좋다.
④ Il fait frais en automne. 가을에는 선선하다.
⑤ Il fait doux aujourd'hui. 오늘은 날씨가 온화하다.
⑥ Quand il pleut, je reste à la maison. 비가 올 때 나는 집에 머문다.

2 ① Il fait (très) chaud. 매우 덥다.
② Il fait (très) froid. 매우 춥다.
③ Il fait beau. 날씨가 좋다.
④ Il fait frais. 날씨가 시원하다.
⑤ Il fait beau./ Il Pleut. 날씨가 좋다./ 비가 온다.
⑥ Je regarde la télé à la maison. 나는 집에서 TV를 본다.

3 ① Non, il n'est plus étudiant (maintenant). Il travaille pour une grande agence de voyages.
아니오, 그는 더 이상 학생이 아니고 대형여행사에서 일한다.

② Non, ce n'est pas une petite agence de voyage. C'est une grande agence de voyages.

아니오, 작은 여행사가 아니고 큰 여행사이다.

③ Non, elle a quatre bureaux.

아니오, 여행사는 지사가 네 곳 있다.

④ Non, elle ne s'appelle pas Brigitte. Elle s'appelle Claire.

그녀의 이름은 브리지트가 아니고 클레르이다.

⑤ Non, elle n'est pas journaliste. Elle est photographe.

아니오, 기자가 아니고 사진작가이다.

4 Anne : Bonjour, René.

안녕, 르네

René : Bonjour, Anne. Est-ce que tu as des projets pour ce soir ?
Je ne fais rien, donc on se voit ?

안녕, 안느. 오늘 저녁 무슨 일 있어? 나는 별일 없는데 만날까?

Anne : Je suis désolée, René. Je joue au tennis le lundi soir.

미안해 르네. 나는 월요일 저녁에 테니스를 해.

René : Tu joues au tennis. Eh bien, demain, peut-être ?
Que fais-tu demain soir ?

테니스 하는구나. 그럼 내일은? 내일 저녁에는 뭐해?

Anne : Demain, c'est mardi. Non, désolée, mais j'ai l'espagnol le mardi.
Et le mercredi je joue de la guitare.

내일, 화요일 . 미안해, 화요일에는 스페인어를 공부하고 수요일에는 기타를 연주해.

René : Oh là là, mais c'est difficile ! Que fais-tu le jeudi et le vendredi ?
Tu écris des poèmes ? Tu prépares des repas chinois ?

오라라! 어렵다. 목요일 금요일에는 뭐해? 시(詩)를 쓰니? 중국음식 준비하니?

Anne : Non, je n' écris pas de poèmes, et je ne prépare pas de repas chinois. D'habitude, je regarde la télévision chez moi le jeudi et je rends toujours visite à mes parents le vendredi.

아니, 나는 시(詩)도 안쓰고 중국음식도 준비하지 않는다. 보통 목요일은 집에서 TV를 보고 금요일에는 부모님 댁을 방문한다.

René : Et le week-end ? Que fais-tu le samedi et le dimanche ?

주말에는? 토요일 일요일에는 뭐하니?

Anne : Je suis désolée, René, mais je passe le week-end avec mon copain.

미안해, 르네, 주말은 남자 친구와 보낸다.

5

lundi 월	mardi 화	mercredi 수	jeudi 목	vendredi 금	samedi 토	dimanche 일
jouer au tennis 테니스 하다	étudier l'espagnol 스페인어 학습	jouer de la guitare 기타 연주	regarder la télévision chez elle 집에서 TV시청	rendre visite à ses parents 부모님 방문	passer le week-end avec son copain 남자친구와 주말 보내기	

6

① Q : Est-ce qu'il a téléphoné au camping ?   그는 캠핑장에 전화했나요?
   R : Oui, il a téléphoné au camping.   네, 그는 캠핑장에 전화했습니다.
② Q : Est-ce qu'il a acheté du pain ?   그는 빵을 샀나요?
   R : Oui, il a acheté du pain.   네, 샀습니다.
③ Q : Est-ce qu'il est allé à la banque ?   그는 은행에 갔나요?
   R : Oui, il est allé à la banque.   네. 갔습니다.

④ Q : Est-ce qu'il a vérifié la tente ?   그는 텐트를 점검했나요 ?
　R : Oui, il a vérifié la tente.   네, 점검했습니다.

7

① deux cent cinquante grammes de tomatoes   토마토 250 그램
② un demi kilo de pommes, cinq cent grammes de pommes   사과 1/2 킬로
③ un litre d'huile d'olive   올리브유 1리터
④ deux bouteilles de vin rouge   적포도주 2병
⑤ un paquet de spaghettis   스파게티 1봉지

8

① Q : Qui s'est disputé hier ?   어제 누가 싸웠지?
　R : Philippe et moi(l'auteur).   필립과 나 (필자)
② Q : Est-ce que Philippe fait de l'exercice ?   필립은 운동을 하나요?
　R : Non, il ne fait jamais d'exercice.   아니오, 전혀 안합니다.
③ Q : Mange-t-il beaucoup au petit déjeuner ?   그는 아침을 많이 먹나요?
　R : Oui, il mange beaucoup.   네, 많이 먹습니다.
④ Q : Qui achète des hamburgers et de la bière ?   햄버거와 맥주는 누가 샀나요?
　R : Philippe.   필립

9

① D'habitude, Dominique prend un yaourt et un jus de fruit pour son petit déjeuner. Pour son déjeuner, elle prend une salade.
　일상적으로 도미니크는 아침식사로
　요구르트와 과일쥬스를 먹는다. 점심으로는 샐러드늘 먹는다.

② D'habitude, Philippe prend du pain, des croissants, des céréales et du chocolat pour son petit déjeuner. Pour son déjeuner, il prend un steak-frites ou une pizza.

보통, 필립은 빵, 크롸상, 세레알과 코코아를 아침식사로 먹는다.
점심으로는 스테이크 프리트나 피자를 먹는다.

③ D'habitude, Pascale prend du pain et du café pour son petit déjeuner. Pour son déjeuner, elle prend une pizza, un fromage et une pomme.

보통, 파스칼은 빵과 커피로 아침식사를 한다. 점심으로 피자, 치즈 그리고 사과를 먹는다.

프랑스어 작문

제4과
멋진 공원이 있다
Il y a un beau parc

4 멋진 공원이 있다
Il y a un beau parc

주요 표현

avoir envie de ~하고 싶다
J'ai envie de me promener.
나는 산책하고 싶다.

avoir soif 목마르다
J'ai eu soif cet après-midi.
나는 오늘 오후에 목이 말랐다.

avoir l'habitude de (+inf.)
~하는 습관이 있다.
Elle a l'habitude de se promener après le déjeuner.
그녀는 식사 후에 산책하는 습관이 있다.

de temps à autre 이따금
De temps à autre, j'aime me promener dans un parc.
이따금 나는 공원에서 산책한다.

y a-t-il ~있나요?
Y a-t-il un parc dans cette ville ?
이 도시에 공원이 있나요?

il y a ~이 있다
Oui, il y a deux parcs dans cette ville.
네, 이 도시에는 공원이 두 개 있습니다.

près de ~가까이
Il y a un parc près de ma maison.
내 집 가까이에 공원이 하나 있다.

jouer au tennis 테니스를 하다
Je joue au tennis dans le parc.
나는 공원에서 테니스를 한다.

jouer au ballon 공놀이를 하다
Je vais au parc maintenant pour jouer au ballon.
나는 지금 공놀이하러 공원에 간다.

표현 연습 4

1 문장을 완성시켜보시오.

① J'_____ me promener dans le parc.
나는 공원 안을 산책하고 싶다.

② J'_____ cet après-midi.
나는 오늘 오후에 목이 말랐다.

③ Elle _____ se promener après le déjeuner.
그녀는 점심식사 후에 산책하는 습관이 있다.

④ De _____, j'aime me promener dans un parc.
이따금, 나는 공원 산책하기를 좋아한다.

⑤ Y _____ un parc dans cette ville ?
당신의 도시에 공원이 있나요?

⑥ Oui, il _____ deux parcs dans cette ville.
네, 이 도시에 공원이 두 개 있습니다.

2 문장을 완성시켜보시오.

Il y a deux parcs dans cette ville.
이 도시에 공원이 두 개 있다.
Il ____ un parc _____ ma maison et il _____ un parc près de l'école.
Je _____ au tennis dans le parc. Maintenant je _____ au parc pour
_____ au ballon.
하나는 우리 집 부근이고 또 하나는 학교 옆에 있다.
나는 공원에서 테니스를 한다. 지금 나는 공놀이를 하러 공원에 rsek.

3 질문에 답하시오.

① Combien de parcs y a-t-il dans votre ville ?
당신의 도시에 공원이 몇 개 있나요?

② Mentionnez trois choses qu'on trouve dans un parc.
공원에서 찾을 수 있는 것 세 가지를 열거해보시오.

③ Que faites-vous dans un parc ?
공원에서 무엇을 하나요?

④ Où jouez-vous au tennis ?
어디서 테니스를 하나요?

4 공원의 한 장면을 연상하고 질문에 답을 만들어보시오.

① Où sont les enfants ?
어린이들은 어디 있나요?

② Que fait la petite fille ?
어린 소녀는 무엇을 하나요?

③ Que font les garçons ?
소년들은 무엇을 하나요?

5 대화를 완성시켜보시오.

A : Où vas-tu ?
어디 가니?

B : Je _____ au parc.
공원에 가.

A : Pourquoi ?
왜?

B : Pour _____.
놀이하러.

A : Pour jouer au ballon ?
공놀이?

B : Non, pour jouer _____.
아니, 테니스 하려고.

6 알맞은 표현을 골라보시오.

| commencer utiliser conduire travailler parler |
| écrire taper conduire parler |

Dominique : Je sais .... à la machine, et je sais .... un ordinateur.
나는 타자할 줄 알고 컴퓨터를 쓸 줄 압니다.

Mme Duval : Nous n'en avons pas besoin. Nous avons beaucoup de secrétaires. ....-vous des langues étrangères ?
필요없어요. 우리는 많은 비서가 있어요, 외국어 할 줄 아세요?

Dominique   : Oui, je .... l'anglais et l'allemand, et un peu l'espagnol.
            네, 영어와 독일어를 하고 스페인어도 조금 합니다.

Mme Duval   : C'est bien. Vous les .... aussi ?
            좋아요, 쓸 줄 도 아시죠?

Dominique   : Oui.
            네

Mme Duval   : Et savez-vous .... ?
            운전 할 줄 아세요?

Dominique   : Oui, je sais .... une voituire.
            네, 차를 운전할 줄 압니다.

Mme Duval   : Vous aimez la chaleur ?
            더운 열기를 좋아하나요?

Dominique   : Oui, je suis née à la Martinique. J'adore la chaleur !
            네, 마르티니크 태생입니다. 열기를 좋아해요.

Mme Duval   : Très bien. Vous voulez travailler ?
            아주 좋아요, 일하실래요?

Dominique   : Comme secrétaire ?
            비서로요?

Mme Duval   : Non, comme guide. Vous voulez .... comme guide à la Martinique ?
            아니오, 가이드요. 마르티니크 가이드로 일하기 원하시나요 ?

Dominique   : Oui, bien sûr !
            네, 물론 !

Mme Duval   : Bien. Encore une chose... Vous pouvez .... demain ?
            자, 한 가지 더... 내일 시작할 수 있나요?

4 멋진 공원이 있다

7 질문을 만들어보시오.

cuisiner	요리하다
taper à la machine	타자하다
dessiner	그림 그리다
parler français	프랑스어를 말하다
jouer du piano	피아노를 연주하다

<보기>   Vous savez jouer du piano ?

Oui, je suis pianiste !

피아노 연주할 줄 아세요? 네, 피아니스트입니다.

① .... Oui, je suis artiste !

② .... Oui, je suis professeur de français !

③ .... Oui, je suis secrétaire !

④ .... Oui, je suis chef de cuisine !

8 질문에 답해보시오.

Je suis désolée, mais je ne peux pas te voir demain midi - j'ai un nouveau travail ! En fait, je ne vais pas pouvoir te voir, ni cette semaine, ni la semaine suivante - je suis tellement occupée. Je t'ai téléphoné hier soir, mais tu n'étais pas chez toi.
Je n'aime plus Lyon - il fait trop froid et il pleut trop ici. La semaine prochaine - la Martinique ! J'adore l'idée d'aller là-bas au soleil. Au revoir Lyon, et au revoir Didier
Cécile

미안해, 내일 정오에 너를 볼 수 없어. 나는 새 일이 있어.
이번 주에도 그 다음 주에도 너를 볼 수 없어. 나는 너무 바빠. 어제 저녁에 전화했는데 집에 없더라. 더 이상 리옹을 좋아하지 않아. 너무 춥고 비도 많이 온다. 다음 주면 마르티니크에 ! 안녕 리옹, 안녕 디디에 세실

① Pourquoi ne peut-elle pas voir Didier demain midi ?
   그녀는 너무 바빠요. 새 일이 있어요.

② Pourquoi ne peut-elle pas le voir la semaine suivante ?
   그녀는 마르티니크에 있을 거에요. 더 이상 리옹에 없어요.

③ Pourquoi n'aime-t-elle plus Lyon ?
   리옹이 너무 춥고 비가 많이 와요.

9 다음 도표를 보고 문장을 만들어보시오.

ski 스키	jouer au tennis 테니스	parler espagnol 스페인어 구사	faire du ~를 하다
Pascale	pas très bien	pas du tout	oui, un peu
Philippe	pas très bien	oui, très bien	oui, très bien
Jacques	oui, très bien	pas vraiment	pas du tout
Claudine	pas du tout	oui, un peu	pas du tout

<보기>   Pascale / jouer au tennis

   Pascale sait-elle jouer au tennis ?

   Oui, mais elle n'y joue pas très bien.

   파스칼은 테니스 할 줄 아나요?

   네, 하지만 그녀는 잘 하지는 못합니다.

① Philippe / parler espagnol

   _____

   _____

4 멋진 공원이 있다

② Jacques / parler espagnol

_____

_____

③ Pascale / faire du ski

_____

_____

④ Jacques et Claudine / faire du ski

_____

_____

⑤ Jacques / jouer au tennis

_____

_____

표현연습4 해답

1 ① J'ai envie de me promener dans le parc.
  나는 공원 안을 산책하고 싶다.
② J'ai eu soif cet après-midi.
  나는 오늘 오후에 목이 말랐다.
③ Elle a l'habitude de se promener après le déjeuner.
  그녀는 점심식사 후에 산책하는 습관이 있다.
④ De temps à autre, j'aime me promener dans un parc.
  이따금, 나는 공원 산책하기를 좋아한다.
⑤ Y a-t-il un parc dans cette ville ?
  당신의 도시에 공원이 있나요?

⑥ Oui, il y a deux parcs dans cette ville.
　네, 이 도시에 공원이 두 개 있습니다.
⑦ Il y a un parc près de ma maison.
　내 집 옆에 공원이 하나 있다.

2 Il y a deux parcs dans cette ville. Il y a un parc près de ma maison et il y a un parc près de l'école. Je joue au tennis dans le parc. Maintenant je vais au parc pour jouer au ballon.

이 도시에 공원이 두 개 있다. 하나는 우리 집 부근이고 또 하나는 학교 옆에 있다.

나는 공원에서 테니스를 한다. 지금 나는 공놀이를 하러 공원에 간다.

3 ① Il y a deux (cinq / vingt .....) parcs. / Il y en a deux (six, dix .....).
　두 개 (5, 20 ...) 의 공원이 있습니다.
② Des bancs, des arbres, des fleurs .....
　벤치, 나무, 꽃
③ Je lis, je regarde les gens qui passent / les enfants qui jouent ....
　책을 읽거나 지나가는 사람들을 / 노는 어린이들을 본다
④ Je joue au tennis dans le parc .
　공원에서 테니스를 합니다.

4 ① Ils sont dans le parc.　　　그들은 공원에 있습니다
　② Elle fait de la bicyclette.　　자전거를 탑니다.
　③ Ils jouent au ballon.　　　 그들은 공놀이를 합니다.

5 A : Où vas-tu ?　　　　　　어디 가니?

4 멋진 공원이 있다

B : Je vais au parc.　　　공원에 가.
A : Pourquoi ?　　　왜?
B : Pour jouer.　　　놀이하러.
A : Pour jouer au ballon ?　　　공놀이?
B : Non, pour jouer au tennis.　　　아니, 테니스 하려고.

6

Dominique　　: Je sais taper à la machine, et je sais utiliser un ordinateur.
　　　　　　　나는 타자할 줄 알고 컴퓨터를 쓸 줄 압니다.

Mme Duval　　: Nous n'en avons pas besoin. Nous avons beaucoup de secrétaires.
　　　　　　　Parlez-vous des langues étrangères ?
　　　　　　　필요없어요. 우리는 많은 비서가 있어요, 외국어 할 줄 아세요?

Dominique　　: Oui, je parle l'anglais et l'allemand, et un peu l'espagnol.
　　　　　　　네, 영어 독일어 하고 스페인어도 조금 합니다.

Mme Duval　　: C'est bien. Vous les écrivez aussi ?
　　　　　　　좋아요, 쓸 줄 도 아시죠?

Dominique　　: Oui.
　　　　　　　네

Mme Duval　　: Et savez-vous conduire ?
　　　　　　　운전 할 줄 아세요?

Dominique　　: Oui, je sais conduire une voituire.
　　　　　　　네, 운전할 줄 압니다.

Mme Duval　　: Vous aimez la chaleur ?
　　　　　　　더운 열기를 좋아하나요?

Dominique　　: Oui, je suis née à la Martinique. J'adore la chaleur !
　　　　　　　네, 마르티니크 태생입니다. 열기를 좋아해요.

Mme Duval : Très bien. Vous voulez travailler ?
아주 좋아요, 일하실래요?

Dominique : Comme secrétaire ?
비서로요?

Mme Duval : Non, comme guide. Vous voulez travailler comme guide à la Martinique ?
아니오, 가이드요. 마르티니크 가이드로 일하기 원하시나요?

Dominique : Oui, bien sûr !
네, 물론!

Mme Duval : Bien. Encore une chose... Vous pouvez commencer demain ?
자, 한 가지 더... 내일 시작할 수 있나요?

7 ① Vous savez dessiner ?
그림 그릴 줄 아세요?

② Vous savez parler français ?
프랑스어 할 줄 아세요?

③ Vous savez taper à la machine ?
타이핑 할 줄 아세요?

④ Vous savez cuisiner ?
요리할 줄 아세요?

8 ① Parce qu'elle est tellement(très) occupée. / Parce qu'elle a un nouveau travail.
그녀는 너무 바빠요. 새 일이 있어요.

② Parce qu'elle sera en Martinique. / Parce qu'elle ne sera plus à Lyon.
그녀는 마르티니크에 있을 거라서요. 더 이상 리옹에 없을 거라서요.

③ Parce qu'il fait trop froid et parce qu'il pleut trop à Lyon.
리옹이 너무 춥고 비가 많이 와요.

4 멋진 공원이 있다

9 ① Philippe sait-il parler espagnol ?
   Oui, il le parle très bien.
   필립은 스페인어 할 줄 아나요?
   네, 잘 합니다.

② Jacques sait-il parler espagnol ?
   Oui, mais il ne le parle pas vraiment.
   자크는 스페인어 할 줄 아나요?
   네, 하지만 잘 못합니다.

③ Pascale sait-elle faire du ski ?
   Oui, mais elle en fait un peu.
   파스칼은 스키 탈 줄 아나요?
   네, 조금 합니다.

④ Jacques et Claudine savent-ils faire du ski ?
   Non, ils n'en font pas du tout.
   자크와 클로딘은 스키 할 줄 아나요?
   아니오, 전혀 못합니다.

⑤ Jacques sait-il jouer au tennis ?
   Oui, il y joue très bien.
   자크는 테니스 할 줄 아나요?
   네, 잘 합니다.

La Fontaine des Éléphants

프랑스어 작문

제5과
정오의 약속
Rendez-vous à midi

5 정오의 약속
Rendez-vous à midi

주요 표현

Quelle heure est-il ? 몇 시지요? Quelle heure est-il ?
몇 시죠?

Il est treize heures. Il est treize heures. Non, je me trompe.
오후 1시입니다. Il est quatorze heures.
오후 1시입니다. 실수했습니다. 2시입니다.

à quelle heure.... 몇 시에 À quelle heure allez-vous en cours de français ?
프랑스어 수업에 몇 시에 가나요?

à trois heures 3시에 Je vais en cours de français à quinze heures.
나는 오후 3시에 프랑스어 수업에 갑니다.

chez le dentiste 치과에서 Moi, j'ai rendez-vous chez le dentiste
à quatorze heures trente.
나는 오후 2시 반에 치과에 약속되어 있습니다.

voilà 자, 여기 ~가 있습니다 Voilà la bibliothèque nationale !
여기가 국립도서관입니다.
J'y ai été jeudi.
나는 목요일에 거기 갔었습니다.

à droite 오른쪽에

　Voilà la gare à votre droite !
　우측에 역이 있습니다.
　On prend le train pour Marseille dans cette gare.
　이 역에서 마르세유행 열차를 탈 수 있습니다.

à gauche 왼쪽에

　Voilà l'école à gauche.
　좌측에 학교가 있습니다.
　J'étudie six heures par jour à l'école.
　나는 학교에서 하루 6시간 공부합니다.

il faut (+inf.) ~해야 한다

　Il faut aller à droite pour trouver la gare.
　역에 가려면 우측으로 가야합니다.

표현 연습 5

1 다음 문장을 완성시켜 보시오.

① Quelle _____ est-il ?
　지금 몇 시인가요?

② Il _____ treize heures.
　지금은 오후 1시입니다.

③ À _____ allez-vous en cours de français ?
　프랑스어 수업에 몇시에 가나요?

④ Je vais en cours de français à quinze _____ .
　나는 오후 3시에 프랑스어 수업에 갑니다.

⑤ Moi, j'ai rendez-vous _____ dentiste à quatorze heures trente.
저는 오후 2시반에 치과에 약속이 되어 있습니다.

⑥ _____ la bibliothèque nationale.
여기가 국립도서관입니다.

2 질문에 답해 보시오.

① Quelle heure est-il ?
지금 몇 시지요?

② À quelle heure prenez-vous le petit déjeuner ?
몇 시에 아침식사를 하나요?

③ À quelle heure prenez-vous le déjeuner ?
몇 시에 점심식사를 하나요?

④ À quelle heure prenez-vous le dîner ?
몇 시에 저녁식사를 하나요?

⑤ À quelle heure vous couchez-vous le soir ?
몇 시에 잠자리에 드시나요?

⑥ Aimes-tu aller au musée ?
박물관에 가기를 좋아하나요?

3 문장을 완성시키시오.

① Il est treize _____. Non, je _____ trompe. Il est _____ heures.
지금은 오후 5시입니다. 아, 죄송합니다. 오후 7시입니다.

5 정오의 약속

② Je _____ en _____ de français à quinze heures.
   나는 10시에 프랑스어 수업에 간다.

③ J'_____ rendez-vous _____ le dentiste à _____ heures trente.
   나는 오후 3시반에 치과 약속이 있다.

4 질문에 답해보시오.

BILLET DE TRAIN 열차 표
_____ classe 2 2등칸
Départ Rennes 출발 렌느
Arrivée Paris - Gare Montparnasse 도착 파리-몽파르나스
Valable du 22 octobre au 21 décembre 2024 유효기간 2024년 10월 22일 –12월 21일까지

Adultes001 Animaux 000 성인 1 동물 없음   가격 Prix 24,60 e
Enfants 002   Réduction de prix 000 아동2 할인 없음
Numéro du billet 79748290005 티켓 번호

① Quel est le prix du billet ?   티켓 요금은?

② De quelle ville partez-vous ?   출발 도시는?

③ Dans quelle ville arrivez-vous ?   어느 도시에 도착하나요?

④ A quelle gare arrivez-vous ?   어느 역에 도착하나요?

⑤ En quelle classe voyagez-vous ?   어느 등급으로 여행하나요?

⑥ Le billet est pour combien d'enfants?   이 티켓에 포함된 어린이 수는?

5 <보기>와 같이 만들어보시오.

<보기> Si on jouait au tennis vendredi ?
금요일에 테니스 할까? (반과거는 현재 사실에서 희망을 나타내는 권유의 형태)
Tu veux jouer au tennis vendredi ?
너 금요일에 테니스하고 싶니?

① Si on allait voir un film mercredi ?
수요일에 영화 볼까?

② Si on allait faire du ski cet après-midi ?
오늘 오후에 스키 탈까?

③ Si on rendait visite à tes parents ce week-end ?
주말에 너희 부모님 찾아뵐까?

④ Si on buvait encore un café ?
커피를 한잔 더 마실까?

⑤ Si on rentrait chez moi prendre un verre ?
우리집에 가사 술 한잔 할까?

6 문장을 완성시켜보시오.

<보기> Je le (faire) ferais si j'avais plus d'argent.
만일 내가 돈이 더 있다면 그걸 할 것이다.

① Je (venir) .... ce soir si j'avais une voiture.

5 정오의 약속

내가 차가 있다면 오늘 저녁에 그리 갈 것이다.

② Il (aller) .... en ville le soir, s'il n'avait pas toujours trop de choses à faire.
그가 너무 많은 할 일만 없으면 저녁에 시내에 갈 것이다.

③ Nous l'(aimer) .... plus, s'il ne nous détestait pas autant.
그가 우리를 그렇게 싫어하지 않는다면 우리는 그를 더 사랑할 것이다.

④ Si nous avions une maison plus grande, elle nous (rendre) .... plus souvent visite.
우리가 더 큰 집이 있다면 그녀는 더욱 자주 올 것이다.

⑤ S'il ne pleuvait pas autant, nous (sortir).................
그렇게 비가 오지 않는다면 우리는 외출할 것이다.

7 질문을 만들어보시오.

<보기> Si on jouait lundi soir ?
Je suis désolé, mais je vais au cinéma avec ma famille lundi.

MAI						
Lundi 월	Mardi 화	Mercredi 수	Jeudi 목	Vendredi 금	Samedi 토	Dimanche 일
3	4	5	6	7	8	9
18h30 au cinéma avec famille 가족과 영화	10h00- chez le docteur 병원 18h00 visite à maman 엄마 방문	14h00 tennis-Paul 테니스 폴 Soirée chez Pascale 파스칼 집 파티	Garder les enfants 어린이들 보기	peindre salle de bains 욕실 페인팅	emmener enfants au théâtre des jeunes 어린이들 아동극장 으로 인도	Eglise 교회 après-midi chez maman 엄마 집

① Si on .... mardi soir ?
   - Je suis désolé, mais je vais rendre visite à ma mère.
   화요일 저녁 영화 볼까? 미안해, 어머니 집에 간다.

② Si on ....
   - Non, le 5 je joue au tennis avec Paul.
   5일에 박물관에 갈까? 아니, 폴과 테니스 한다.

③ ....
   - Le mercredi je joue au tennis avec Paul.
   수요일 카페에 갈까? 수요일에 폴과 테니스 한다.

④ ....
   - Désolé, je garde les enfants pendant toute la journée.
   목요일에 공원 산책할까? 미안해, 종일 애들 봐.

⑤ ....
   - J'emmène les enfants au théâtre des jeunes samedi matin.
   토요일에 테니스 할까? 토요일에 어린이들을 아동극장에 데려가.

⑥ ....
   - Désolé, mais nous allons à l'église.
   영화 보러 갈까? 미안해, 교회에 가.

8 대화를 완성시켜 보시오.

| Les siens   les tiens   Les miens |

Marie-France : J'aime bien ce café. Tu viens souvent ici ?
               이 카페 좋다. 여기 자주 오니?
Marc   : Oui. Deux ou trois fois par semaine. Et toi, qu'aimes-tu faire de ton temps libre ?
               응, 주당 두세번 와. 너는 자유시간에 뭘 하고 싶니?

5 정오의 약속

Marie-France : Je lis, je cusine, je bavarde. La semaine dernière, je suis allée voir mes parents. Ils vivent en Saône-et-Loire. Et ...., où habitent-ils ?
독서, 요리, 수다떨기. 지난 주에는 부모님을 뵈러 갔어. 손-에-루아르에 사신다. 너희 부모님은 어디 사시니?

Marc : En Saône-et-Loire aussi, à Autun.
손-에-루아르 지역 오떵에 사셔.

Marie-France : .... habitent à dix kilomètres d'Autun. Et ceux de ton ami Franck ?
우리 부모님은 오떵에서 10킬로 떨어진 곳에 사셔. 네 친구 프랑크의 부모님은?

Marc : .... habitent à Paris.
빠리에 사신다.

9 아래 말들에서 골라 문장을 완성시켜 보시오.

> le leur   le mien   le sien   les nôtres   la leur
> La vôtre   Les miennes

① C'est son chapeau ? Oui, c'est ...., je le reconnais. (à Marc)
그의 모자니? 응, 그의 것이다. 알아보겠어.

② Vos parents habitent à Paris, ... aussi. (à nous)
부모님이 빠리에 사시는군요, 우리 부모님도 그렇습니다.

③ Non, c'est cette maison-là qui est .... (à Jean et Marie)
아니오, 저 집은 그들의 집입니다.

④ .... ne marche plus, Monsieur ? (voiture)
선생님 차가 작동이 안 되나요?

⑤ Ses filles sont toujours charmantes. .... ne le sont pas ! (à moi)
그의 딸들은 늘 매력적입니다. 우리 딸들은 그렇지 않아요.

⑥ Elles ont pris .... (mon ordinateur), ... (à eux) est encore en panne.
그녀들이 내 컴퓨터를 가져갔어요, 그들 것은 아직 고장이에요.

표현연습5 해답

1 ① Quelle heure est-il ?
지금 몇 시인가요?

② Il est treize heures.
지금은 오후 1시입니다.

③ À quelle heure allez-vous en cours de français ?
프랑스어 수업에 몇시에 가나요?

④ Je vais en cours de français à quinze heures.
나는 오후 3시에 프랑스어 수업에 갑니다.

⑤ Moi, j'ai rendez-vous chez le dentiste à quatorze heures trente.
저는 오후 2시반에 치과에 약속이 되어 있습니다.

⑥ Voilà la bibliothèque nationale.
여기가 국립도서관입니다.

2 ① Il est six (onze / seize / vingt .....) heures.
지금은 6시다. (11시, 오후 4시, 오후 8시...)

② Je prends le petit déjeuner à sept heures.
나는 7시에 아침식사를 한다.

③ Je prends le déjeuner à midi .
나는 정오에 점심식사를 한다.

④ Je prends le dîner à dix-neuf heures.
나는 오후 7시에 저녁식사를 한다.

⑤ Je me couche à vingt-deux heures.
나는 밤 10시에 잔다.

⑥ Oui, j'aime aller au musée. / Non, je n'aime pas aller au musée.
네, 박물관에 가기를 좋아합니다. 아니오, 좋아하지 않습니다.

3 ① Il est dix-sept heures. Non, je me trompe. Il est dix-neuf heures.
지금은 오후 5시입니다. 아, 죄송합니다. 오후 7시입니다.

② Je vais en cours de français à dix heures.
나는 10시에 프랑스어 수업에 간다.

③ J'ai rendez-vous chez le dentiste à quinze heures trente.
나는 오후 3시반에 치과 약속이 있다.

4 ① C'est 24 euros 60.　　　　24유로 60입니다.
② Je pars de Rennes.　　　　렌느 출발입니다.
③ J'arrive à Paris.　　　　　빠리 도착입니다.
④ J'arrive à la gare Montparnasse.　몽파르나스역 도착입니다.
⑤ Je voyage en seconde classe.　2등칸입니다.
⑥ C'est pour deux enfants.　어린이 두 명입니다.

5 ① Tu veux aller voir un film mercredi ?
수요일에 영화 보고 싶니?

② Tu veux aller faire du ski cet après-midi ?
오늘 오후에 스키 타고 싶니?

③ Tu veux rendre visite à tes parents ce week-end ?

주말에 너희 부모님 찾아 뵙고 싶니?

④ Tu veux boire encore un café ?

커피 한잔 더 마시고 싶니?

⑤ Tu veux rentrer chez moi prendre un verre ?

우리집에 가서 술 한잔 하고 싶니?

6 ① Je viendrais ce soir si j'avais une voiture.

내가 차가 있다면 오늘 저녁에 그리 갈 것이다.

② Il irait en ville le soir, s'il n'avait pas toujours trop de choses à faire.

그가 너무 많은 할 일만 없으면 저녁에 시내에 갈 것이다.

③ Nous l'aimerions plus, s'il ne nous détestait pas autant.

그가 우리를 그렇게 싫어하지 않는다면 우리는 그를 더 사랑할 것이다.

④ Si nous avions une maison plus grande, elle nous rendrait plus souvent visite.

우리가 더 큰 집이 있다면 그녀는 더욱 자주 올 것이다.

⑤ S'il ne pleuvait pas autant, nous sortirions.

그렇게 비가 오지 않는다면 우리는 외출할 것이다.

7 ① Si on allait au cinéma mardi soir ? ..... 화요일 저녁 영화 볼까?

② Si on allait au musée le 5 ? ..... 5일에 박물관에 갈까?

③ Si on allait au café le mercredi ? ..... 수요일 카페에 갈까?

④ Si on allait se promener au parc jeudi ? ..... 목요일에 공원 산책할까?

⑤ Si on allait jouer au tennis ? ..... 토요일에 테니스 할까?

⑥ Si on allait au cinéma ? ..... 영화 보러 갈까?

5 정오의 약속

8

Marie-France : J'aime bien ce café. Tu viens souvent ici ?
　　　　　　　이 카페 좋다. 여기 자주 오니?

Marc　　　　: Oui. Deux ou trois fois par semaine. Et toi, qu'aimes-tu faire de ton temps libre ?
　　　　　　　응, 주당 두세번 와. 너는 자유시간에 뭘 하고 싶니?

Marie-France : Je lis, je cuisine, je bavarde. La semaine dernière, je suis allée voir mes parents. Ils vivent en Saône-et-Loire. Et les tiens, où habitent-ils ?
　　　　　　　독서, 요리, 수다떨기. 지난 주에는 부모님을 뵈러 갔어. 손-에-루아르에 사신다. 너희 부모님은 어디 사시니?

Marc　　　　: En Saône-et-Loire aussi, à Autun.
　　　　　　　손-에-루아르 지역 오떵에 사셔.

Marie-France : Les miens habitent à dix kilomètres d'Autun. Et ceux de ton ami Franck ?
　　　　　　　우리 부모님은 오떵에서 10킬로 떨어진 곳에 사셔. 네 친구 프랑크의 부모님은?

Marc　　　　: Les siens habitent à Paris.
　　　　　　　빠리에 사신다.

9 ① C'est son chapeau ? Oui, c'est le sien, je le reconnais.
　　　그의 모자니 ? 응, 그의 것이다. 알아보겠어.

　　② Vos parents habitent à Paris, les nôtres aussi.
　　　부모님이 빠리에 사시는군요, 우리 부모님도 그렇습니다.

　　③ Non, c'est cette maison-là qui est la leur.
　　　아니오, 저 집은 그들의 집입니다.

④ La vôtre ne marche plus, Monsieur ?
　선생님 차가 작동이 안 되나요?

⑤ Ses filles sont toujours charmantes. Les miennes ne le sont pas !
　그의 딸들은 늘 매력적입니다. 우리 딸들은 그렇지 않아요.

⑥ Elles ont pris le mien, le leur est encore en panne.
　그녀들이 내 컴퓨터를 가져갔어요, 그들 것은 아직 고장이에요.

프랑스어 작문

제6과
나는 읽는다, 대답한다, 말한다
Je lis, je réponds, je parle

6 나는 읽는다, 대답한다, 말한다
Je lis, je réponds, je parle

주요 표현

au bas de ~밑에
Le devoir pour demain commence au bas de la page dix-huit.
내일 과제는 18페이지 밑부터 시작이다.

en haut de ~위에
Le devoir pour demain se termine en haut de la page vingt.
내일 과제는 20 페이지 위쪽에서 끝난다.

à la page... ~페이지에
Je lis le mot 'bonjour' à la page quinze.
나는 15쪽에서 "봉주르"라는 단어를 읽는다.

à voix haute 큰 소리로	En cours, j'ai lu ce texte à voix haute. 수업 시간에 나는 본문을 큰 소리로 읽었다.
à voix basse 낮은 소리로	Quelquefois je parle à voix basse. 이따금 나는 조그만 소리로 말한다.
demeurer 머물다	Je demeure dans une grande maison. 나는 저택에 머물고 있다.
se trouver ~에 있다.	Elle se trouve près d'ici. 그녀는 여기서 가까운 곳에 있다
beaucoup de 많은	Il y a beaucoup de fleurs dans notre jardin. 우리 정원에 꽃이 많이 있다.
de temps en temps 이따금	De temps en temps, je travaille dans le jardin. 이따금 나는 정원에서 일한다.
à côté de ~ 옆에	A côté de chez nous, il y a un bon restaurant. 우리 집 가까이에 좋은 식당이 있다.

표현 연습 6

1 문장을 완성시켜보시오.

① Le devoir pour demain commence _____ de la page dix-huit.
   내일 과제는 18쪽 아래에서 시작한다.

② Le devoir pour demain se termine _____ de la page vingt.
내일 과제는 20쪽 위쪽에서 끝난다.

③ Je lis le mot 'bonjour' _____ quinze.
나는 15쪽에서 "봉주르"라는 단어를 말한다.

④ En cours, j'ai lu ce texte à _____ haute.
수업 시간에 나는 본문을 큰 소리로 읽었다.

⑤ Quelquefois je parle à _____.
이따금 나는 낮은 소리로 말한다.

⑥ Je _____ dans une grande maison.
나는 저택에 머문다.

2 질문에 답해보시오.

① A quelle page commence le devoir pour demain ?
내일 과제는 몇 쪽에서 시작하나요?

② A quelle page se termine le devoir pour demain ?
내일 과제는 몇 쪽에서 끝나나요?

③ A quelle page lisez-vous le mot 'bonjour' ?
몇 쪽에서 '봉주르' 란 단어를 읽나요?

④ Parlez-vous à voix haute ou à voix basse en cours de français ?
프랑스어 시간에 큰 소리로 말하나요 작은 소리로 말하나요?

6 나는 읽는다, 대답한다, 말한다

⑤ Que répondez-vous quand quelqu'un vous dit 'Comment vous appelez-vous ?'
"성함이 어떻게 되시나요?"라고 누가 말하면 어떻게 답하나요?

⑥ Où demeurez-vous ?
어디에 머무시나요?

3 아래 대화를 완성시켜 보시오

A : À quelle page commence le devoir pour demain ?
내일 과제 몇 쪽부터지?
B : _____
37쪽 위부터 시작이다.

A : À quelle page lis-tu le mot 'bonjour' ?
너는 몇 쪽에서 '봉주르'란 단어를 읽었니?
B : _____
5쪽에서 읽었어.

A : Parles-tu à voix haute ou à voix basse pendant les cours ?
수업시간에 크게 말하니 작게 말하니?
B : _____
나는 크게 또는 작게 말해, 수업에 따라 달라.

4 아래 시간을 철자로 풀어쓰며 문장을 완성시켜보시오.

> 7:05 7:10 7:25 7:45 8:05 9:00 12:50
> 17:35 18:30 19:20 22:15 22:30

① Je me lève _____
나는 7시 5분에 일어난다.

② Je fais ma toilette _____
나는 7시 10분에 세면을 한다.

③ Je prends le petit déjeuner _____
나는 7시 25분에 아침식사를 한다.

④ Je lis le journal _____
나는 7시 45분에 신문을 읽는다.

⑤ Je vais au bureau _____
나는 8시 5분에 사무실로 간다.

⑥ Je commence le travail _____
나는 9시에 일을 시작한다.

5 다음을 읽고 대답해보시오.

Pascale : J'ai écrit une liste de choses faire - téléphoner au camping,
          acheter du pain, aller la banque...
          나는 할 일 목록을 썼다. 캠핑장에 전화하기, 빵사기, 은행에 가기 ...

6 나는 읽는다, 대답한다, 말한다

Philippe : Mais tu as fait tout ça, n'est-ce pas, chérie ?
하지만 자기가 다 했구나.

Pascale : Eh bien, j'ai téléphoné au camping et acheté du pain. Je ne suis pas allée la banque, c'est vrai, mais je t'ai téléphoné pour te demander de le faire, n'est-ce pas ?
자, 나는 캠핑장에 전화했고 빵을 샀어. 은행에 간 것도 맞어, 하지만 그 일을 해달라고 부탁했었지, 그렇지?

Philippe : ...et moi, j'ai oublié de le faire, donc on n'a pas pu manger au restaurant le soir.
나는 그것을 잊었어, 그래서 오늘 저녁 레스토랑에서 식사를 못한다.

① Qu'a écrit Pascale ?
파스칼은 뭐라고 썼지?

② A-t-elle fait tout ce qu'il y avait sur sa liste ?
그녀는 목록 상의 모든 일을 했나?

③ Qu'est-ce que Philippe a oubli de faire ?
필립은 무엇을 잊었나?

④ Pourquoi n'ont-ils pas pu manger au restaurant ?
왜 그들은 레스토랑에서 식사를 못하나?

6 <보기>와 같이 문장을 만들어보시오.

<보기> (interdire / organiser une fte) J'ai d interdire d'organiser une fête.
나는 축제 개최를 금지해야만 했었다.

① (cacher / vin)
나는 와인을 감춰야 했다.

② (laisser / yaourts)
나는 요구르트를 그대로 둬야 했다.

③ (vider / poubelles)
나는 쓰레기통을 비워야 했다.

④ (laisser à la maison / chien)
나는 개를 집에 놓아두어야 했다.

⑤ (téléphoner / tante Marie)
나는 마리 아주머니께 전화해야 했다.

⑥ (rester / chez moi !)
나는 집에 있어야 했다.

7 <보기>와 같이 다시 써보시오.

Marc   : Je t'appelle pour te dire au revoir.
             작별 인사하려고 전화했어,

6 나는 읽는다, 대답한다, 말한다

Dominique : Où est-ce que tu vas ?
　　　　　너 어디로 가니?

Marc　　　 : (①)Je quitte Lyon, et je vais Paris.
　　　　　리옹을 떠나 빠리로 가.

Dominique : Pourquoi tu pars ?
　　　　　왜 떠나니 ?

Marc　　　 : (②) Il y a trop de problèmes pour moi ici.
　　　　　여기 문제가 너무 많아.

Dominique : Tu as quels problèmes ?
　　　　　무슨 문제?

Marc　　　 : (③)J'en ai plein. (④)Je n'aime pas mon travail, et j'ai trop de
　　　　　　problèmes avec mes copines.
　　　　　아주 많아, 내 일도 싫고 내 친구들과도 문제가 많아.

Dominique : Que vas-tu faire Paris ?
　　　　　빠리에서 뭘 할 거니?

Marc　　　 : (⑤)Je ne sais pas encore. À propos, que fais-tu vendredi soir ?
　　　　　아직은 몰라. 그런데 금요일 저녁에 뭐하니?

Dominique : (⑥)Je ne fais rien. Pourquoi ?
　　　　　아무 것도 안 해, 왜?

Marc　　　 : Parce que (⑦)j'ai deux billets pour le concert.
　　　　　내게 콘서트 티켓이 두 장 있어.

<보기>

① Il dit qu'il va quitter _____

　그는 리옹을 떠나 빠리로 간다고 말한다.

② Il dit _____

그는 그에게 너무나 문제가 많다고 말한다.

③ _____

그는 문제가 엄청 많다고 말한다.

④ _____

그는 자기 일도 싫고 여자친구들과도 문제가 많다고 말한다.

⑤ _____

그는 아직 모른다고 말한다.

⑥ _____

그는 아무 것도 안한다고 말한다.

8 <보기>와 같이 문장을 써보시오.

<보기>   Que dit-on quand on veut savoir le prix de quelque chose ?
무언가의 값을 물을 때 어떻게 말하나요?

On dit 'Excusez-moi. C'est combien ?'
"실례합니다. 얼마죠?"라고 말합니다.

① Que dit-on quand on veut savoir o est la gare ?
기차역이 어디냐고 물을 때 어떻게 말하나요?

6 나는 읽는다, 대답한다, 말한다

② Que dit-on si on veut s'asseoir cté de quelqu'un dans le train ?
열차에서 누구 옆에 앉아도 되냐고 물을 때 어떻게 말하나요?

③ Que dit-on si on veut savoir quelle heure ferme la bibliothèque ?
몇 시에 도서관이 닫느냐고 물을 때 어떻게 말하나요?

④ Que dit-on si on veut savoir l'heure de départ d'un avion ?
비행기 출발 시간을 알고 싶을 때 어떻게 말하나요?

⑤ Que dit-on avant de quitter une personne pour répondre au téléphone ?
전화를 받기 위해 먼저 떠날 때 어떻게 말하나요?

표현연습6 해답

1 ① Le devoir pour demain commence au bas de la page dix-huit.
내일 과제는 18쪽 아래에서 시작한다.

② Le devoir pour demain se termine en haut de la page vingt.
내일 과제는 20쪽 위쪽에서 끝난다.

③ Je lis le mot 'bonjour' à la page quinze.
나는 15쪽에서 "봉주르"라는 단어를 말한다.

④ En cours, j'ai lu ce texte à voix haute.
수업 시간에 나는 본문을 큰 소리로 읽었다.

⑤ Quelquefois je parle à voix basse.
이따금 나는 낮은 소리로 말한다.

⑥ Je demeure dans une grande maison.
나는 저택에 머문다.

2 ① Le devoir pour demain / Il commence à la page soixante / au bas de la page cinquante-huit .....

내일 과제는 / 60쪽부터 / 58쪽 하단에서 ...

② Le devoir pour demain / Il se termine à la page quarante-six / en haut de la page vingt-trois .....

내일 과제는 / 46쪽에서 끝나고 / 23쪽 위에서

③ Je lis le mot 'bonjour' / Je le lis à la page neuf.

나는 '봉주르'란 단어를 9쪽에서 읽는다.

④ Je parle à voix haute en cours de français.

나는 프랑스어 시간에 큰 소리로 말한다.

⑤ Je réponds : 'Je m'appelle KIM Jin-Soo.'

'내 이름은 김 진 수입니다'라고 대답한다.

⑥ Je demeure dans une grande maison / dans un petit appartement.

나는 저택/ 작은 아파트에 머문다.

3 A : À quelle page commence le devoir pour demain ?

내일 과제 몇 쪽부터지?

B : Il commence en haut de la page trente-sept.

37쪽 위부터 시작이다.

A : À quelle page lis-tu le mot 'bonjour' ?

너는 몇 쪽에서 '봉주르'란 단어를 읽었니?

B : Je le lis à la page cinq.

5쪽에서 읽었어.

A : Parles-tu à voix haute ou à voix basse pendant les cours ?

수업시간에 크게 말하니 작게 말하니?

B : Je parle à voix haute / basse Ça dépend des cours.

나는 크게/ 작게 말해, 수업에 따라 달라.

4 ① Je me lève à sept heures cinq.

나는 7시 5분에 일어난다.

② Je fais ma toilette à sept heures dix.

나는 7시 10분에 세면을 한다.

③ Je prends le petit déjeuner à sept heures vingt-cinq.

나는 7시 25분에 아침식사를 한다.

④ Je lis le journal à sept heures quarante-cinq / huit heures moins le quart.

나는 7시 45분에 신문을 읽는다.

⑤ Je vais au bureau à huit heures cinq.

나는 8시 5분에 사무실로 간다,

⑥ Je commence le travail à neuf heures.

나는 9시에 일을 시작한다.

5 ① Elle a écrit une liste de choses à faire.

그녀는 할 일 목록을 썼다.

② Non, elle n'a pas tout fait. Elle n'est pas allée à la banque.

아니오, 그녀는 모든 일을 한 것은 아니오. 그녀는 은행에 가지 못했다.

③ Il a oublié d'aller à la banque.

그는 은행에 가기를 잊었다.

④ Parce que Philippe n'a pas été à la banque / parce qu'ils n'avaient pas assez d'argent pour manger au restaurant.

필립이 은행에 가지 않아서 식당에 갈 돈이 충분히 없었다.

6 ① J'ai dû cacher le vin.

나는 와인을 감춰야 했다.

② J'ai dû laisser les yaourts.

나는 요구르트를 그대로 둬야 했다.

③ J'ai dû vider les poubelles.

나는 쓰레기통을 비워야 했다.

④ J'ai dû laisser le chien à la maison.

나는 개를 집에 놓아두어야 했다.

⑤ J'ai dû téléphoner à tante Marie.

나는 마리 아주머니께 전화해야 했다.

⑥ J'ai dû rester chez moi !

나는 집에 있어야 했다.

7 ① Il dit qu'il va quitter Lyon, et qu'il va à Paris.

그는 리옹을 떠나 빠리로 간다고 말한다.

② Il dit qu'il y a trop de problèmes pour lui là.

그는 그에게 너무나 문제가 많다고 말한다.

③ Il dit qu'il en a plein.

그는 문제가 엄청 많다고 말한다.

④ Il dit qu'il n'aime pas son travail, et qu'il a trop de problèmes avec ses copines.

그는 자기 일도 싫고 여자친구들과도 문제가 많다고 말한다.

⑤ Il dit qu'il ne sait pas encore.

그는 아직 모른다고 말한다.

⑥ Il dit qu'il ne fait rien.

그는 아무 것도 안한다고 말한다.

⑦ Il dit qu'il a deux billets pour le concert.
　그는 콘서트 티켓이 두장 있다고 말한다.

8 ① Que dit-on quand on veut savoir où est la gare ?
　　On dit 'Excusez-moi. Où est la gare ?'
　　실례합니다. 기차역이 어디 있지요?
② Que dit-on si on veut s'asseoir dans le train ?
　　On dit 'Excusez-moi. Est-ce que je peux m'asseoir ici ? / On peut s'asseoir ici ?
　　/ Y a-t-il quelqu'un ici ?'
　　실례합니다. 여기 앉아도 됩니까.
③ Que dit-on si on veut savoir quelle heure ferme la bibliothque ?
　　On dit 'Excusez-moi. À quelle heure ferme la bibliothèque ?'
　　실례합니다. 도서관은 몇 시에 닫나요?
④ Que dit-on si on veut savoir l'heure de départ d'un avion ?
　　On dit 'Excusez-moi. À quelle heure part l'avion pour Nice ?
　　실례합니다. 니스행 비행기는 몇 시에 출발하나요?
⑤ Que dit-on avant de quitter une personne pour répondre au téléphone ?
　　On dit 'Excusez-moi. On m'appelle !'
　　실례합니다. 전화가 왔어요.

프랑스어 작문

제7과
나는 잠에서 깬다
Je me réveille

7 나는 잠에서 깬다
Je me réveille

주요 표현

se laver 씻다
Je me lave souvent les mains.
나는 자주 손을 씻는다.

avant de + inf. ~하기 전에
Avant de quitter la maison, je déjeune.
나는 집을 나서기 전에 점심을 먹는다.

se brosser les dents 이를 닦다
Je me brosse les dents tous les matins.
나는 매일 아침 이를 닦는다.

se brosser les cheveux
머리를 빗다
Je me brosse les cheveux tous les matins.
나는 아침마다 머리를 빗는다.

s'habiller 옷을 입다
Je m'habille dans ma chambre.
나는 내 방에서 옷을 입는다.

faire un voyage 여행하다
Je vais faire un voyage cet été.
나는 올 여름에 여행할 것이다.

faire la valise 짐을 싸다
Il faut faire les valises aussi.
짐도 싸야 한다.

de bonne heure 일찍

Il faut me lever de bonne heure.
일찍 일어나야한다.

se coucher 잠자다

Il faut me coucher de bonne heure.
나는 일찍 잠자리에 들어야한다.

표현 연습 7

1 다음을 완성시켜보시오.

① Je _____ souvent les mains.
나는 손을 자주 씻는다.

② _____ quitter la maison, je déjeune.
집을 나서기 전에 나는 식사한다.

③ Je _____ dents tous les matins.
나는 아침마다 양치질을 한다.

④ Je _____ brosse les _____ tous les matins.
나는 아침마다 머리를 빗는다.

⑤ Je m'_____ dans ma chambre.
나는 내 방에서 옷을 입는다.

⑥ Je vais _____ cet été.
나는 올 여름에 여행할 것이다.

2 질문에 답해보시오.

① Vous lavez-vous souvent les mains ?
손을 자주 씻으세요?

② Déjeunez-vous avant de quitter la maison ?
집을 나서기 전에 식사 하나요?

③ Vous brossez-vous les dents tous les matins ?
아침마다 양치질을 하나요?

④ Où vous habillez-vous ?
어디서 옷을 입나요?

⑤ Qu'est-ce que vous allez faire cet été ?
올 여름에 무엇을 할 것인가요?

⑥ Que faut-il faire tout de suite ?
무엇을 즉각 해야 하나요?

7 나는 잠에서 깬다

3 대화를 완성시켜보시오.

> me   te laves   me brosser   matins   te brosses

La mère   : Joseph, tu ne _____ pas !
조셉, 너는 안 씻는구나.

Le garçon   : Mais, maman, je _____ lave les mains tous les _____.
하지만 엄마, 매일 손을 씻어요.

La mère   : Tu ne _____ pas les cheveux !
너는 머리를 빗지 않아 !

Le garçon   : D'accord, maman ! Je vais me laver et je vais _____ les cheveux.
알았어, 엄마 ! 이제 씻고 머리 빗을게.

4 주어진 표현에서 골라 써보시오.

> s'   nous   se   te   me   vous

① Je _____ lève à 6 heures.
나는 6시에 일어난다.

② Mais non, chérie, tu _____ lèves à 7 heures.
아니야, 자기, 7시에 일어나.

③ Nous _____ habillons toujours très vite.
우리는 늘 매우 빨리 옷을 입는다.

④ Il ____ lave avant de ___ habiller.
   그는 옷을 입기 전에 씻는다.

⑤ Les enfants ___ inquiètent si je ne suis pas prête à 8 heures et demie.
   내가 8시반에 준비되어 있지 않으면 어린이들은 초조해한다.

⑥ Vous allez ____ lever à quelle heure ?
   몇 시에 일어나시나요?

5 알맞은 전치사로 완성시켜보시오.

Je me lève toujours ____ 7 heures 15, je vais toujours ____ bureau ____ voiture ____ 8 heures 30 et je rentre chez moi _____ 18 heures. Je lis le journal, je regarde la télévision, j'écris des lettres _____ mes amis _____ Espagne et _____ États-Unis. Je vais ____ cinéma avec des amis, ou on joue _____ cartes ____ café ____ face de la gare. Je vais au supermarché _____ côté du bureau pour faire mes achats. C'est toujours la même chose, les même gens....

나는 늘 7시15분에 일어나고 승용차로 8시30분에 사무실에 가며 오후 6시쯤에 집으로 돌아온다. 나는 신문을 읽고 TV를 보고 스페인과 미국에 있는 친구들에게 편지를 쓴다.
나는 친구들과 영화관에 가거나 기차역 옆에 있는 카페에서 카드를 한다. 나는 사무실 옆 수퍼에서 필요한 것들을 산다. 늘 같은 일, 같은 사람들 ...

7 나는 잠에서 깬다

6 <보기>와 같이 문장을 만들어보시오.

<보기> se lever ?   A sept heures je me lève.
       일어나기   나는 7시에 일어난다.

① se laver ?
씻기. 나는 5, 7, 8시에 씻는다.

② prendre le petit déjeuner ?
나는 7, 8, 9시에 아침식사를 한다.

③ aller au travail ?
나는 7, 8, 9시에 출근한다.

④ commencer le travail ?
나는 8, 8시반, 9, 10시에 일을 시작한다.

⑤ prendre un café ?
나는 10, 11, 오후 4시에 커피를 마신다.

⑥ prendre le déjeuner ?
나는 12시 15분, 12시 30분, 오후 1시에 점심식사를 한다.

7 <보기>와 같이 문장을 만들어보시오.

<보기> Quand j'avais douze ans, je me suis cass la jambe.
       내가 12세일 때 다리가 부러졌다.

exemple	12 ans 12세	se casser jambe 다리 부러지다
①	camping(Ecosse) 캠핑(스코틀랜드)	pluie tous les jours 매일 비오다
②	Paris 빠리	jogging tous les jours 매일 조깅하다
③	étudiant 학생	lunettes 안경
④	vacances en Espagne 스페인 휴가	la grippe 유행성 감기
⑤	cuisinier au restaurant 식당에서 요리	gros 뚱뚱해지다.

① 내가 스코틀랜드에서 캠핑할 때, 매일 비가 왔다.

② 내가 빠리에 있을 때, 매일 조깅을 했다.

③ 내가 학생일 때, 안경을 꼈다.

④ 스페인에서 휴가를 보낼 때, 나는 유행성 감기에 걸렸다.

⑤ 내가 식당 요리사일 때, 나는 뚱뚱했다.

8 아래 표현 가운데 골라 써보시오.

> me suis coupé 베었다   couvert de bleus 멍이 들다   me brosse 빗다
> me le suis cassé 부러지다   se lave 씻다

7 나는 잠에서 깬다

① Je _____ les cheveux chaque matin.
나는 아침마다 머리를 빗는다.

② J'ai le pied dans le plâtre - Je _____ la semaine dernière.
나는 발을 깁스했다. 지난 주에 다쳤다.

③ Mon fils ne _____ le visage qu'une fois par jour !
내 아들은 하루 한번 세수 한다.

④ Aïe ! Je _____ le doigt.
아이 ! 나는 손가락을 베었다.

⑤ Mon frère a le corps _____, le pauvre.
내 형제는 전신에 멍이 들었다, 불쌍한 친구 !

9 질문을 만들어보시오.

<보기> J'ai mal aux yeux. (porter des lunettes)
나는 눈이 아프다. (안경을 착용하다)
Pourquoi tu ne portes pas de lunettes ?
너는 왜 안경을 착용하지 않니?

① J'ai mal à la tête. (prendre une aspirine)
머리 아프다. (아스피린을 먹다)

② J'ai très mal aux dents. (aller chez le dentiste)
치통이 있다. (치과에 가다)

③ Je suis si fatiguée. (se coucher de bonne heure)
   피곤하다 (일찍 자다)

④ Je me sens vraiment mal. (aller chez le médecin)
   상태가 정말 나쁘다 병원에 가다)

⑤ J'ai mal au genou. (s'asseoir)
   무릎이 아프다 (앉다)

10 아래 표를 가지고 문장을 만들어보시오.

1	à la chez le au à la dans la
2	banque poste supermarché boucher bibliothèque 은행 우체국 수퍼마켓 정육점 주인 도서관 restaurant piscine librairie boulangerie 레스토랑 풀장 서점 빵집

① Vous empruntez des livres _____
   도서관에서 책을 대출한다.

② Vous envoyez des lettres _____
   우체국에서 편지를 보낸다.

③ Vous nagez _____
   수영장에서 수영한다.

7 나는 잠에서 깬다

④ Vous déposez de l'argent _____
은행에 돈을 맡긴다.

⑤ Vous achetez des légumes _____
수퍼에서 야채를 산다.

표현연습7 해답

1 ① Je me lave souvent les mains.
나는 손을 자주 씻는다.

② Avant de quitter la maison, je déjeune.
집을 나서기 전에 나는 식사한다.

③ Je me brosse les dents tous les matins.
나는 아침마다 양치질을 한다.

④ Je me brosse les cheveux tous les matins.
나는 아침마다 머리를 빗는다.

⑤ Je m'habille dans ma chambre.
나는 내 방에서 옷을 입는다.

⑥ Je vais faire un voyage cet été.
나는 올 여름에 여행할 것이다.

2 ① Oui, je me lave souvent les mains. / Non, je ne me lave pas souvent les mains. / Je me lave les mains quand elles sont sales. ......
네, 자주 씻습니다. 아니오, 자주 씻지 않습니다. 손이 더러우면 씻습니다.

② Oui, je déjeune avant de quitter la maison. / Non, je ne déjeune pas avant de quitter la maison. .....

네, 집을 나서기 전에 식사를 합니다. 아니오, ...

③ Oui, bien sûr ! / Mais bien sûr !

네, 물론.

④ Je m'habille dans ma chambre.

내 방에서 옷을 입습니다.

⑤ Je vais faire un voyage cet été. / Je vais chez mes parents en Normandie. / Je vais passer une semaine au bord de la mer. .....

올 여름에 여행을 할 겁니다. 노르망디에 계신 부모님을 찾아뵐겁니다. 바닷가에서한 주일을 보낼겁니다.

⑥ Il faut partir. / Il faut se dépêcher. / Il faut faire les valises. / Il faut aller faire des courses.

떠나야 한다. 서둘러야 한다. 짐을 싸야 한다. 장을 봐야 한다.

3 La mère : Joseph, tu ne te laves pas !

조셉, 너는 안 씻는구나.

Le garçon : Mais, maman, je me lave les mains tous les matins.

하지만 엄마, 매일 손을 씻어요.

La mère : Tu ne te brosses pas les cheveux !

너는 머리를 빗지 않아 !

Le garçon : D'accord, maman ! Je vais me laver et je vais me brosser les cheveux.

알았어, 엄마 ! 이제 씻고 머리 빗을게.

4 ① Je me lève à 6 heures.

나는 6시에 일어난다.

7 나는 잠에서 깬다

② Mais non, chérie, tu te lèves à 7 heures.
   아니야, 자기, 너는 7시에 일어나.

③ Nous nous habillons toujours très vite.
   우리는 늘 매우 빨리 옷을 입는다.

④ Il se lave avant de s' habiller.
   그는 옷을 입기 전에 씻는다.

⑤ Les enfants s'inquiètent si je ne suis pas prête à 8 heures et demie.
   내가 8시반에 준비되어 있지 않으면 어린이들은 초조해한다.

⑥ Vous allez vous lever à quelle heure ?
   몇 시에 일어나시나요?

5 Je me lève toujours à 7 heures 15, je vais toujours au bureau en voiture à 8 heures 30 et je rentre chez moi à (vers) 18 heures. Je lis le journal, je regarde la télévision, j'écris des lettres à mes amis en Espagne et aux États-Unis. Je vais au cinéma avec des amis, ou on joue aux cartes au (dans le) café en face de la gare. Je vais au supermarché à côté du bureau pour faire mes achats. C'est toujours la même chose, les même gens....

나는 늘 7시15분에 일어나고 승용차로 8시30분에 사무실에 가며 오후 6시쯤에 집으로 돌아온다. 나는 신문을 읽고 TV를 보고 스페인과 미국에 있는 친구들에게 편지를 쓴다.
나는 친구들과 영화관에 가거나 기차역 옆에 있는 카페에서 카드를 한다. 나는 사무실 옆 수퍼에서 필요한 것들을 산다. 늘 같은 일, 같은 사람들 …

6 ① A six / cinq / sept / huit heures je me lave.

나는 5, 7, 8시에 씻는다.

② A sept / huit / neuf heures je prends le (mon) petit déjeuner.

나는 7, 8, 9시에 아침식사를 한다.

③ A sept / huit / neuf heures je vais au travail.

나는 7, 8, 9시에 출근한다.

④ A huit heures / huit heures trente / neuf heures / dix heures je commence le travail.

나는 8, 8시반, 9, 10시에 일을 시작한다.

⑤ A dix / onze heures / seize heures je prends un café.

나는 10, 11, 오후 4시에 커피를 마신다.

⑥ A midi et quart / midi trente / treize heures je prends le (mon) déjeuner.

나는 12시 15분, 12시 30분, 오후 1시에 점심식사를 한다.

7 ① Quand j'étais au camping en Écosse, il pleuvait tous les jours.

내가 스코틀랜드에서 캠핑할 때, 매일 비가 왔다.

② Quand j'étais à Paris, je faisais du jogging tous les jours.

내가 빠리에 있을 때, 매일 조깅을 했다.

③ Quand j'étais étudiant(e), je portais des lunettes.

내가 학생일 때, 안경을 꼈다.

④ Quand j'étais en vacances (je passais les / mes vacances) en Espagne, j'avais la grippe.

스페인에서 휴가를 보낼 때 나는 유행성 감기에 걸렸다.

⑤ Quand j'étais cuisinier au restaurant, j'étais gros.

내가 식당 요리사일 때, 나는 뚱뚱했다.

7 나는 잠에서 깬다

8 ① Je me brosse les cheveux chaque matin.

나는 아침마다 머리를 빗는다.

② J'ai le pied dans le plâtre - Je me le suis cassé la semaine dernière.

나는 발을 깁스했다. 지난 주에 다쳤다.

③ Mon fils ne se lave le visage qu'une fois par jour !

내 아들은 하루 한번 세수 한다.

④ Aïe ! Je me suis coupé le doigt.

아이 ! 나는 손가락을 베었다.

⑤ Mon frère a le corps couvert de bleus, le pauvre.

내 형제는 전신에 멍이 들었다, 불쌍한 친구 !

9 ① (prendre une aspirine)

Pourquoi tu ne prends pas une / d'aspirine ?

왜 아스피린을 먹지 않니?

② (aller chez le dentiste)

Pourquoi tu ne vas pas chez le dentiste ?

왜 치과에 가지 않니?

③ (se coucher de bonne heure)

Pourquoi tu ne te couches pas de bonne heure ?

왜 일찍 자지 않니?

④ (aller chez le médecin)

Pourquoi tu ne vas pas chez le médecin ?

왜 병원에 가지 않니?

⑤ (s'asseoir)

　　Pourquoi tu ne t'assois pas ?

　　왜 앉지 않니?

10 ① Vous empruntez des livres à la bibliothèque.

　　도서관에서 책을 대출한다.

② Vous envoyez des lettres à la poste.

　　우체국에서 편지를 보낸다.

③ Vous nagez dans la piscine.

　　수영장에서 수영한다.

④ Vous déposez de l'argent dans la banque.

　　은행에 돈을 맡긴다.

⑤ Vous achetez des légumes au supermarché.

　　수퍼에서 야채를 산다.

프랑스어 작문

제8과
산책
La promenade

8 산책
La promenade

주요 표현

avoir chaud 더워하다
J'ai chaud. Ouvrez la fenêtre, s'il vous plaît !
덥습니다. 창문 좀 열어주세요.

avoir froid 추워하다
Il a très froid.
그는 몹시 추워한다.

avoir sommeil 졸립다
J'ai aussi sommeil.
나도 졸립다.

avoir besoin de ~을 필요로 하다
Vous avez besoin de repos.
당신은 휴식이 필요하다.

faire venir 오게 하다
Je vais faire venir le médecin.
의사를 부르겠다.

s'amuser 놀다
Je m'amuse le samedi.
나는 토요일에 논다.

faire une promenade en voiture 드라이브하다
Je fais une promenade en voiture tous les dimanches.
나는 일요일마다 드라이브한다.

le long de ~를 따라서　　Je fais une promenade le long du fleuve.
　　　　　　　　　　　　나는 강을 따라 산책한다.

jouer du violon　　　　Je joue du violon tous les mercredis matins.
바이올린을 연주하다　　나는 수요일 아침마다 바이올린을 연주한다.

　　　　　　　　　　　　Je sais jouer du piano, aussi.
　　　　　　　　　　　　나는 피아노도 연주할 줄 안다.

표현 연습 8

1 문장을 완성시켜보시오.

① J'_____ chaud. Ouvrez la fenêtre, s'il vous plaît !
덥습니다. 창문 열어주세요!

② Il _____ froid.
무척 추웠다.

③ J'_____ aussi sommeil.
나도 졸리웠다.

④ Vous _____ repos.
당신은 휴식이 필요하다.

⑤ Je vais _____ le médecin.
   의사를 부르겠다.

⑥ Je _____ le samedi.
   나는 토요일에 논다.

2 질문에 답해보시오.

① Que faites-vous quand vous avez chaud ?
   더울 때 무엇을 하나요?

② Que faites-vous quand vous avez froid ?
   추울 때 무엇을 하나요 ?

③ Que faites-vous quand vous avez sommeil ?
   졸릴 때 무엇을 하나요?

④ De quoi avez-vous besoin quand il pleut ?
   비 올 때 무엇이 필요한가요?

⑤ Quel jour vous amusez-vous ?
   어느 날에 즐기나요?

3 아래 대화를 읽고 질문에 답해보시오.

B : Cette chemise est jolie.
   이 와이셔츠는 예쁘다.

8 날씨

D : Oui. c'est vrai, mais Marc n'aime pas le marron.
그래, 하지만 마르크는 밤색을 좋아하지 않는다.

B : Il porte quelles couleurs, d'habitude ?
그는 보통 어느 색들을 착용하나?

D : Il aime le bleu, le gris ou le noir. Il porte quelquefois du vert.
그는 푸른색, 회색 또는 검은색을 좋아한다. 이따금 초록색도 착용해.

B : Que penses-tu de celle-ci ? C'est une jolie couleur.
이것은 어때? 예쁜 색이다.

D : Elle fait quelle taille ? Moyenne. C'est combien ? Où est l'étiquette ?
사이즈는? 중간. 얼마지? 가격표는 어디 있지?

B : La voilà, 50 euros !
자, 여기, 50 유로.

① Marc aime quelles couleurs ?
마르크는 무슨 색을 좋아하나요 ?

② Aime-t-il le marron ?
그는 밤색을 좋아하나요 ?

③ Combien coûte la chemise ?
와이셔츠는 얼마인가요?

④ Dominique cherche-t-elle une chemise ?
도미니크는 와이셔츠를 찾나요?

⑤ Sait-elle la taille de Marc ?
그녀는 마르크의 사이즈를 아나요?

4 문장을 완성시켜보시오.

① Des deux maisons je préfère _____-ci.
   두 집 가운데 나는 이 집이 더 좋다.

② Je prends quel parapluie ? _____ qui est dans le coin.
   어느 우산을 갖고 가지 ? 구석에 있는 우산.

③ Cette radio-ci coûte plus cher que _____-là.
   이 쪽 라디오가 저쪽 라디오 보다 비싸다.

④ _____ qui sont arrivés tôt ont eu le temps d'en discuter.
   일찍 도착한 사람들은 토론할 시간을 갖는다.

⑤ Il me faut des lunettes de soleil, _____ que j'ai achetées l'année dernière sont cassées.
   작년에 산 선글래스를 깨뜨려서 나는 새 것이 필요하다.

5 그림을 보고 질문과 대답을 만들어 보시오.

34€ 장갑

8 날씨

<보기> Q: Ça fait (Ils font) combien, ces gants ?

R: Ça fait (Ils font) trente quatre euros.

이 장갑들 얼마지요? 34 유로입니다.

12€ 모자

①
Q : _____
R : _____

445€ 스노우보드

②

Q : _____

R : _____

100€ 운동화

③

Q : _____

R : _____

750€ 시계

8 날씨

④
Q : _____
R : _____

159€ 스노우 보드 옷

⑤
Q : _____
R : _____

6 그림을 보고 질문과 대답을 만들어 보시오.

> droit   jusqu'à   droite   vous   à   près   devant   voyez

Touriste : Excusez-moi....
실례합니다.

Marc : Je peux _____ aider ?
도와드릴까요?

Touriste : Le musée des Beaux-Arts, est-ce _____ d'ici ?
미술관이 여기서 가까운가요?

Marc : C'est assez près. Vous _____ le magasin de vêtements au coin, là ? Il faut tourner à gauche là, c'est la rue du Pont, et puis vous allez tout _____, le long de l'avenue du Maréchal Foch, _____ une grande église _____ votre _____. Là, vous tournerez à _____, et le musée des Beaux-Arts est _____ votre gauche. Il y a un grand panneau _____ le musée. C'est facile à trouver.

아주 가깝습니다. 길 끝에 옷가게 보이지요. 거기서 왼쪽으로 돌면 퐁 가(街) 그리고 직진하면, 우측으로 성당이 보이는 곳 까지 마레샬 포슈 로(路)입니다. 거기서 오른쪽으로 돌면 왼편으로 미술관이 나옵니다. 미술관 앞에 큰 게시판이 있어요. 찾기 쉬워요.

7 빠리 지하철 노선도를 잘 보고 대답해보시오.

① A : Pour aller à Montmartre, s'il vous plaît ?

　　B : De l'Étoile, vous prenez la ligne ＿＿＿, direction ＿＿＿＿＿ et vous

　　　　descendez à ＿＿＿＿＿＿＿＿＿.

　　A : 몽마르트르에 가려는데요?

　　B: 에트왈에서 2호선 나시옹 방향으로 타고 앙베르에서 내리세요.

② A : Pour aller à la gare Montparnasse ?

　　B : Prenez la ligne ＿＿＿, direction ＿＿＿＿＿＿. Il faut changer à Champs-

Élysées Clémenceau. Là, vous prenez _____ Châtillon-Montrouge et vous descendez à Montparnasse-Bienvenue.

A; 몽파르나스 역에 가려는데요.
B : 1호선 샤토 드 벵센 방향으로 타고 가다가 샹제리제 클레망소에서 13호선 샤티옹 몽루즈 방향으로 갈아타세요. 그리고 몽파르나스 비엥브뉘에서 내리세요.

표현연습8 해답

1 ① J'ai chaud. Ouvrez la fenêtre, s'il vous plaît !
덥습니다. 창문 열어주세요!
② Il a très froid.
무척 추웠다.
③ J'ai aussi sommeil.
나도 졸리웠다.
④ Vous avez besoin de repos.
당신은 휴식이 필요하다.
⑤ Je vais faire venir le médecin.
의사를 부르겠다.
⑥ Je m'amuse le samedi.
나는 토요일에 논다.

2 ① J'ouvre la fenêtre. / Je prends une douche. / Je bois de l'eau bien fraîche.

8 날씨

나는 창문을 연다. 샤워를 한다. 찬물이 필요하다.

② Je mets un gros manteau. / Je mets un gros gilet. / Je ne sors pas. .....

나는 두꺼운 외투를 입는다. 두꺼운 조끼를 입는다. 외출을 하지 않는다.

③ Je bâille. / Je vais me coucher. .....

나는 하품한다, 자러 간다.

④ J'ai besoin d'un parapluie. / d'un imperméable. .....

나는 우산, 레인코트가 필요하다.

⑤ Je m'amuse le mercredi .

나는 수요일에 논다.

3 ① Il aime le bleu, le gris et le noir / les couleurs bleue, grise et noire.

그는 청색, 회색, 흑색을 좋아한다.

② Non, il n'aime pas le marron.

아니오, 그는 밤색을 좋아하지 않는다.

③ Elle coûte 50 euros.

50 유로이다.

④ Oui, elle cherche une chemise.

그래, 그녀는 와이셔츠를 찾고 있다.

⑤ Oui, elle sait la taille de Marc.

그래, 그녀는 마르크의 사이즈를 알고 있다.

4 ① Des deux maisons je préfère celle-ci.

두 집 가운데 나는 이 집이 더 좋다.

② Je prends quel parapluie ? Celui qui est dans le coin.

어느 우산을 갖고 가지 ? 구석에 있는 우산.

③ Cette radio-ci coûte plus cher que celle-là.

이쪽 라디오가 저쪽 라디오보다 비싸다.

④ Ceux qui sont arrivés tôt ont eu le temps d'en discuter.

일찍 도착한 사람들은 토론할 시간을 갖는다.

⑤ Il me faut des lunettes de soleil, celles que j'ai achetées l'année dernière sont cassées.

작년에 산 선글래스를 깨뜨려서 나는 새 것이 필요하다.

5 ① Q : Ça fait (Ils font) combien, ces bonnets ?

R : Ça fait (Ils font) douze euros.

이 모자들 얼마지요? 12 유로입니다.

② Q : Ça (Il) fait combien, ce snowboard ?

R : Ça (Il) fait cent euros.

이 스노우보드 얼마지요? 100유로입니다.

③ Q : Ça fait /Elles font combien, ces chaussures ?

R :Ça fait/ Elle font quatre cent quarante cinq euros.

이 신발 얼마지요? 145 유로입니다.

④ Q :Ça fait/Elle fait combien, cette montre ?

R : Ça fait/Elle fait sept cent cinquante euros.

이 손목시계 얼마지요? 750 유로입니다.

⑤ Q :Ça fait/Elle fait combien, cette veste de snowboard ?

R :Ça fait/ Elle fait cent cinquante euros.

이 스노우보드 자켓 얼마지요? 150 유로입니다.

6

Touriste : Excusez-moi....

　　　　　실례합니다.

Marc　　 : Je peux vous aider ?

　　　　　도와드릴까요?

Touriste : Le musée des Beaux-Arts, est-ce près d'ici ?

　　　　　미술관이 여기서 가까운가요?

Marc　　 : C'est assez près. Vous voyez le magasin de vêtements au coin là ? Il faut tourner à gauche là, c'est la rue du Pont, et puis vous allez tout droit, le long de l'avenue du Maréchal Foch, jusqu'à une grande église à votre droite. Là, vous tournerez à droite, et le musée des Beaux-Arts est à votre gauche. Il y a un grand panneau devant le musée. C'est facile à trouver.

아주 가깝습니다. 길 끝에 옷가게 보이지요. 거기서 왼쪽으로 돌면 퐁 가(街) 그리고 직진하면, 우측으로 성당이 보이는 곳 까지 마레샬 포슈 로(路)입니다. 거기서 오른쪽으로 돌면 왼편으로 미술관이 나옵니다. 미술관 앞에 큰 게시판이 있어요. 찾기 쉬워요.

7　① A : Pour aller à Montmartre, s'il vous plaît ?

　　　　B : De l'Étoile, vous prenez la ligne 2, direction Nation et vous descendez à Anvers

　　　A : 몽마르트르에 가려는데요?

　　　B : 에트왈르에서 2호선 나시옹 방향으로 타고 앙베르에서 내리세요.

② A : Pour aller à la gare Montparnasse ?
B : Prenez la ligne 1, direction Château de Vincennes. Il faut changer à Champs-Élysées Clémenceau. Là, vous prenez la ligne 13 direction Châtillon-Montrouge et vous descendez à Montparnasse-Bienvenue.
A : 몽파르나스 역에 가려는데요.
B : 1호선 샤토 드 뱅센 방향을 타고 가다 샹제리제 클레망소에서 13호선 샤티옹 몽루즈 방향으로 갈아타세요. 그리고 몽파르나스 비엥브뉘에서 내리세요.

프랑스어 작문

제9과
무엇을 갖고 있나요?
Qu'est-ce que vous avez ?

9 무엇을 갖고 있나요?
Qu'est-ce que vous avez ?

주요 표현

avoir lieu (행사가) 있다

Les réunions ont lieu tous les vendredis.
모임은 금요일마다 갖는다.

par exemple 예컨대

Nous faisons beaucoup de choses ; par exemple, nous allons au restaurant, à la piscine, etc.
우리는 많은 것을 한다.
예컨대 식당에 가고 수영장에 간다.

en ville 시내에서

Nous allons en ville de temps en temps.
우리는 이따금 시내에 간다.

Qu'est-ce que vous avez ? 무슨 일이죠?	Qu'est-ce que vous avez ? - Je suis fatigué ! 무슨 일이죠? 저는 피곤합니다.
avoir l'air ~처럼 보이다	Vous avez l'air triste. 당신은 슬퍼 보인다.
avoir tort 잘못 생각하다	Vous avez tort d'avoir honte. 당신이 창피해하는 것은 틀린 생각이다.
avoir honte 창피해하다	J'ai honte parce que je ne sais pas la réponse. 답을 몰라서 부끄럽다.
Cela ne fait rien. 아무 것도 아니다	Cela ne fait rien. Je reviendrai tout à l'heure. 아무 일도 아니다. 곧 돌아오겠다.
être à ~의 것이다	A qui est ce stylo ? - Il est à moi. 만년필 누구 것이지? 내 것이다.
bon marché 값이 싼	Je l'ai acheté bon marché. 나는 그것을 싸게 샀다.
là-bas 저기	La boutique se trouve là-bas. 가게는 저기에 있다.
de l'autre côté 저쪽에	La boutique se trouve de l'autre côté de la rue. 가게는 길 저쪽에 있다.

de bon cœur 진정으로   J'ai fait mon travail de bon cœur.
나는 이 일을 성심껏 했다.

표현 연습 9

1 문장을 완성시켜보시오.

① Les réunions _____ tous les vendredis.
모임은 금요일마다 있다.

② Nous faisons beaucoup de choses ; _____, nous allons au restaurant, à la piscine etc.
우리는 많은 일을 한다. ; 예컨대 레스토랑, 수영장에 간다.

③ Nous allons _____ de temps en temps.
우리는 이따금 시내에 간다.

④ Vous _____ triste.
당신은 슬퍼 보입니다.

⑤ Vous _____ d'avoir honte.
챙피해하는 것은 잘못된 것입니다.

⑥ Cela _____ rien.
아무 것도 아닙니다.

9 무엇을 갖고 있나요

2 다음 대화를 읽고 질문에 답해보시오.

Philippe : J'ai vu ton nouveau journaliste au café hier soir.
나는 어제 저녁 카페에서 너의 새 기자를 봤어.

Pascale : Vraiment ? Qui ça ?
정말 ? 누구를 ?

Philippe : Je ne connais pas son nom. Je l'ai vu à la fête avec tes collègues la semaine dernière.
이름은 몰라. 지난 주 동료들과 파티하는 것을 봤어.

Pascale : Comment est-il ?
어땠어?

Philippe : Grand et mince. Il a des cheveux longs et noirs.
크고 말랐어. 머리는 길고 검어.

Pascale : C'est Marc Seguin. Il a un grand nez, mais il est assez beau.
마르크 스갱이다. 그는 코가 크지만 잘 생겼지.

① Marc était au café hier soir. Vrai ou faux ?
마르크는 어제 카페에 갔다. 참 / 거짓 ?

② Philippe était à la fête de Pascale hier soir. Vrai ou faux ?
필립은 어제 저녁 파스칼의 파티에 갔다. 참 / 거짓 ?

③ Marc a les cheveux noirs. Vrai ou faux ?
마르크는 검은 머리다. 참 / 거짓 ?

④ Marc est gros. Vrai ou faux ?

마르크는 뚱뚱하다. 참 / 거짓 ?

⑤ Le nez de Marc est assez petit. Vrai ou faux ?

마르크의 코는 상당히 작다. 참 / 거짓 ?

3 알맞은 표현을 골라보시오.

| es   appelles   fais   restons   serai   rentres   faites |

Dominique : Allô ? Pierre ? Ici Dominique Godard.

여보세요 ? 피에르 ? 나는 도미니크 고다르.

Pierre : Dominique ! Mais où es-tu ? Que ....-tu ?

Tu .... de France ?

도미니크 ! 어디야? 뭐 하니 ? 프랑스에 있어?

Dominique : Non, je suis ici à la Martinique. Je travaille comme guide

touristique. Je .... en France la semaine prochaine.

아니, 지금 마르티니크야. 관광가이드로 일해.

다음 주에 프랑스에 간다.

Pierre : Quand est-ce que tu .... ?

언제 돌아오니?

Dominique : Vendredi.

금요일에.

9 무엇을 갖고 있나요

Pierre : Mais tu .... contente ?
　　　　　만족해 ?
Dominique : Oh, oui ! Et que .... -vous tous les deux ce soir ?
　　　　　그래 ! 너희 둘 오늘 저녁에 뭐 하니?
Pierre : Rien. Nous .... chez nous.
　　　　　아무 것도 안 해. 집에 있어.

4 질문을 만들어보시오.

Chère Maman et cher Papa,
Le soleil brille, je suis assise au bord de la mer, et je suis en train de travailler! Mais d'habitude ce n'est pas si facile - il y a toujours quelqu'un qui a besoin de moi. Hier, cinquante nouveaux touristes sont arrivés, et il n'y a que moi pour m'occuper d'eux ! Demain nous irons en ville - les touristes y achèteront leurs souvenirs. Le soir je ne travaillerai pas - j'irai voir Pierre et Gisèle. Pierre va préparer le repas demain soir !

사랑하는 엄마 아빠
태양은 빛나고 나는 바닷가에 앉아있고, 일하고 있는 중이야. 하지만 보통 쉬운 일이 아니야. 늘 나를 필요로 하는 사람이 있어, 어제 50 명의 새 관광객이 도착했고 그들을 돌볼 사람은 나뿐이야. 내일 우리는 시내에 갈 것이고 거기서 그들은 기념품을 살 것이야. 저녁에는 나는 일을 안해, 삐에르와 지젤을 만나러 갈거야. 삐에르는 내일 저녁 식사를 준비할 거야.

　　　<보기> Q : Où est-elle assise ? 그녀는 어디에 앉아있나요?
　　　　　　 R : Au bord de la mer.　바닷가에

　① Q : ....
　　　날씨가 어때?

R : Il y a du soleil.
   햇빛이 있어.

② Q : ....
   얼마나 많은 새 관광객이 도착했나?
   R : Cinquante.
   50명.

③ Q : ....
   그들은 시내에서 뭘 할까?
   R : Ils y achèteront leurs souvenirs.
   그들은 거기서 기념품을 살 거다.

④ Q : ....
   피에르는 내일 저녁에 뭘 할까?
   R : Pierre va préparer le repas.
   피에르는 저녁식사를 준비할 것이다.

5 <보기>와 같이 질문을 만들어보시오.

<보기> Avez-vous des chemises en soie ?
        실크 와이셔츠 있나요?
        Je suis désolé, Madame. Nous n'avons pas de chemises en soie.
        죄송합니다, 부인. 실크 와이셔츠는 없습니다.

9 무엇을 갖고 있나요

① ....

Elle fait du trente-huit.

그녀의 사이즈는요? 38입니다.

② ....

Elle coûte 34 euros.

치마/ 원피스의 가격은요? 34유로입니다.

③ ....

Il est noir et gris.

바지 색깔은요? 검정색과 회색입니다.

④ ....

Elles coûtent 9 euros.

양말은 얼마인가요? 9유로입니다.

⑤ ....

Oui, s'il vous plaît. Avez-vous des chaussettes en coton ?

이것들 사실 건가요? 네. 면 양말도 있나요?

⑥ ....

Les cravates ? Elles sont à côté des chemises.

넥타이는 어디 있나요? 와이셔츠 옆에 있어요.

6 알맞은 표현을 골라보시오.

> se retrouve   à l'appareil   Qu'est-ce qu'il y a   Ça va
> Mais tant pis   vous souhaitez venir   ne quitte pas

Florence : Allô ? Philippe ? Ici. Florence. Est-ce que Pascale est là ?
여보세요? 필립? 나 플로랑스야. 파스칼 있어?

Philippe : Salut Florence ! Oui, ..., elle est dans le jardin. (Il crie.) Pascale ! C'est Florence .... ! Je te la passe.
안녕 플로랑스 잠깐만 기다려, 파스칼은 정원에 있어. 파스칼, 플로랑스 전화, 바꿔줄게.

Florence : Merci, Pascale ! Salut ! .... ? Je m'excuse de te déranger. Tu es occupée ?
고마워 파스칼, 안녕, 잘 지내? 방해해서 미안해, 바빠?

Pascale : Non, j'étais dans le jardin. .... ?
아니, 정원에 있었어. 무슨 일이야?

Florence : Vous êtes libres le 2 juin ? Ce sera l'anniversaire de Jean, et nous irons au restaurant avec des amis. Est-ce que Philippe et toi, ... ?
너희들 6월2일에 시간 있어? 장 생일인데 친구들 하고 식당에 갈거야. 필립과 너도 같이 갈래?

Pascale : Nous aimerions bien. Attends, je vérifie mon agenda. Oui, je suis libre. Oh, mais Philippe va à Grenoble pour une conférence ce jour-là. .... ! Moi, je peux venir. Où est-ce qu'on ....?
좋아. 스케줄 좀 확인하고. 나도 괜찮은데 필립은 회의 차

9 무엇을 갖고 있나요

그르노블에 간다. 할 수 없지. 나는 갈게, 어디서 모이니?

Florence : Chez nous, à 18 heures environ. Ça va ?
우리집 오후 6시, 괜찮아?

Pascale : Oui, c'est bien !
그래, 좋아.

7 <보기>와 같이 문장을 만들어보시오.

<보기> se marier - Laurent (Grard)

Je ne vais pas me marier avec Laurent - je vais plutôt me marier avec Grard.
나는 로랑과 결혼하기보다 제라르와 결혼할 것 같다.

① apprendre - guitare (piano)
나는 기타를 배우지 않고 피아노를 배울 것 같다.

② renoncer - nouveaux vtements (disques)
나는 새 옷들을 포기하지 않고 음반들을 포기할 것 같다.

③ m'intéresser - études (chevaux)
나는 학업보다 승마에 관심을 쏟을 것 같다.

④ écouter - débats à la radio (musique)
나는 라디오 토론보다 음악을 들을 것 같다,

8 주어진 표현으로 대화를 완성시켜보시오.

> part   billets   arrive   s'il vous plaît   voulez

A : Que désirez-vous ?
무엇을 원하세요?

B : Deux _____ pour Paris, s'il vous plaît, Monsieur.
빠리 행 티켓 두 장 주세요.

A : Vous _____ des allers-retours ? Vous revenez à Lyon aujourd'hui ?
왕복권요? 오늘 리옹에 돌아오나요?

B : Oui, deux allers-retours, _____.
네, 왕복권 두 장 부탁합니다.

A : Ça fait 300 euros.
300유로입니다.

B : Bien. Vous pouvez me dire à quelle heure _____ le prochain train ?
좋아요. 다음 출발 열차는 언제인가요?

A : Voyons. Le prochain train pour Paris _____ 09h 27, quai numéro 3.
자, 다음 빠리행 열차는 9시 27분에 들어옵니다. 플랫폼 3번.

B : Merci. Allons-y.
감사합니다. 계속합니다.

140 ··· 프랑스어 작문

9 무엇을 갖고 있나요

9 질문을 만들어 보시오.

<보기> Le prochain vol pour Marseille, c'est mercredi. Pardon ? C'est quand ?
다음 마르세유행 비행기는 수요일입니다. 네? 언제요?

① Le prochain bus pour Lyon ? C'est le bleu, l-bas.
다음 리옹행 버스요? 저기 파란색요.

② Deux allers simples pour Bordeaux, s'il vous plat.
보르도 행 편도 두 장 주세요.

③ Une chambre simple cote 50 euros la nuit.
싱글룸 1박 50유로입니다.

④ Le prochain train pour Paris part du quai numro 2.
다음 빠리행 열처는 2번 플랫폼에서 출발합니다.

⑤ L'avion arrivera tard à cause du brouillard à Londres.
런던에서 비행기는 안개로 연착합니다.

표현연습9 해답

1 ① Les réunions ont lieu tous les vendredis.
모임은 금요일마다 있다.

② Nous faisons beaucoup de choses ; par exemple, nous allons au restaurant,
à la piscine etc.

우리는 많은 일을 한다. ; 예컨대 레스토랑, 수영장에 간다.

③ Nous allons en ville de temps en temps.

우리는 이따금 시내에 간다.

④ Vous avez l'air triste.

당신은 슬퍼 보입니다.

⑤ Vous avez tort d'avoir honte.

챙피해하는 것은 잘못된 것입니다.

⑥ Cela ne fait rien.

아무 것도 아닙니다.

2 ① Vrai ② Faux ③ Vrai ④ Faux ⑤ Faux

3

Dominique : Allô ? Pierre ? Ici Dominique Godard.

여보세요 ? 피에르 ? 도미니크 고다르.

Pierre : Dominique ! Mais où es-tu ? Que fais-tu ?

Tu appelles de France ?

도미니크 ! 어디야? 뭐 하니 ? 프랑스에서 거는 것이니 ?

Dominique : Non, je suis ici à la Martinique. Je travaille comme guide touristique. Je serai en France la semaine prochaine.

아니, 지금 마르티니크야. 관광가이드로 일해.

다음 주에 프랑스에 간다.

Pierre : Quand est-ce que tu rentres ?

언제 돌아오니?

9 무엇을 갖고 있나요

Dominique : Vendredi.
　　　　　　금요일에.

Pierre　　 : Mais tu es contente ?
　　　　　　만족해 ?
Dominique : Oh, oui ! Et que faites-vous tous les deux ce soir ?
　　　　　　그래 ! 너희 둘 오늘 저녁에 뭐 하니?
Pierre　　 : Rien. Nous restons chez nous.
　　　　　　아무 것도 안 해. 집에 있어.

4 ① Q : Quel temps fait-il ?
　　　　날씨가 어때?
　　② Q : Combien de nouveaux touristes sont-ils arrivés ?
　　　　얼마나 많은 새 관광객이 도착했나?
　　③ Q : Que feront-ils en ville ?
　　　　그들은 시내에서 뭘 할까?
　　④ Q : Que fera Pierre demain soir ?
　　　　삐에르는 내일 저녁에 뭘 할까?

4 ① Quelle taille fait-elle ? / Quelle est sa taille ?
　　　그녀의 사이즈는요?
　　② Combien coûte la jupe / la robe ?
　　　치마/ 원피스의 가격은요?
　　③ Comment / De quelle couleur est le pantalon ?
　　　바지 색깔은요?

④ Combien coûtent ces chaussettes ?

양말은 얼마인가요?

⑤ Les prenez-vous ?

이것들 사실 건가요 ?

⑥ Où sont les cravates ?

넥타이는 어디 있나요?

6

Florence	: Allô ? Philippe ? Ici. Florence. Est-ce que Pascale est là ?
	여보세요 ? 필립 ? 나 플로랑스야. 파스칼 있어?
Philippe	: Salut Florence ! Oui, ne quitte pas, elle est dans le jardin. (Il crie.) Pascale ! C'est Florence à l'appareil ! Je te la passe.
	안녕 플로랑스 잠깐만 기다려, 파스칼은 정원에 있어, 파스칼, 플로랑스 전화, 바꿔줄게.
Florence	: Merci, Pascale ! Salut ! Ça va ? Je m'excuse de te déranger. Tu es occupée ?
	고마워 파스칼, 안녕, 잘 지내? 방해해서 미안해, 바빠?
Pascale	: Non, j'étais dans le jardin. Qu'est-ce qu'il y a ?
	아니, 정원에 있었어. 무슨 일이야?
Florence	: Vous êtes libres le 2 juin ? Ce sera l'anniversaire de Jean, et nous irons au restaurant avec des amis. Est-ce que Philippe et toi, vous souhaitez venir ?
	너희들 6월2일에 시간 있어? 장 생일인데 친구들 하고 식당에 갈거야. 필립과 너도 같이 갈래?
Pascale	: Nous aimerions bien. Attends, je vérifie mon agenda. Oui, je suis libre.

9 무엇을 갖고 있나요

            Oh, mais Philippe va à Grenoble pour une conférence ce jour-là.
            Mais tant pis ! Moi, je peux venir. Où est-ce qu'on se retrouve ?
            좋아. 스케줄 좀 확인하고. 나도 괜찮은데 필립은 회의 차
            그르노블에 간다. 할 수 없지. 나는 갈게, 어디서 모이니?
Florence : Chez nous, à 18 heures environ. Ça va ?
            우리집 오후 6시, 괜찮아?
Pascale : Oui, c'est bien !
            그래, 좋아.

7 ① Je ne vais pas apprendre la guitare, je vais plutôt apprendre le piano.
    나는 기타를 배우지 않고 피아노를 배울 것 같다.

② Je ne vais pas renoncer aux nouveaux vtements, je vais plutt renoncer aux disques.
    나는 새 옷들을 포기하지 않고 음반들을 포기할 것 같다.

③ Je ne vais pas m'intéresser aux études, je vais plutt m'intéresser aux chevaux.
    나는 학업보다 승마에 관심을 쏟을 것 같다.

④ Je ne vais pas écouter des débats à la radio, je vais plutt écouter de la musique.
    나는 라디오 토론보다 음악을 들을 것 같다,

8 A : Que dsirez-vous ?
    무엇을 원하세요?

B : Deux billets pour Paris, s'il vous plat, Monsieur.
    빠리 행 티켓 두 장 주세요.

A : Vous voulez des allers-retours ? Vous revenez Lyon aujourd'hui ?

왕복권요? 오늘 리옹에 돌아오나요?

B : Oui, deux allers-retours, s'il vous plat.

네, 왕복권 두 장 부탁합니다.

A : Ça fait 300 euros.

300유로입니다.

B : Bien. Vous pouvez me dire quelle heure part le prochain train ?

좋아요. 다음 출발 열차는 언제인가요?

A : Voyons. Le prochain train pour Paris arrive 09h 27, quai numro 3.

자, 다음 빠리행 열차는 9시 27분에 들어옵니다. 플랫폼 3번.

B : Merci. Allons-y.

감사합니다. 계속합니다.

9 ① Pardon ? C'est lequel ?

죄송합니다. 어느 것요?

② Pardon ? C'est pour quelle ville /où ?

죄송합니다. 어느 도시요?

③ Pardon ? C'est combien la nuit ?

죄송합니다. 1박에 얼마요?

④ Pardon ? C'est de quel quai / d'où ?

죄송합니다. 몇 번 플랫폼요?

⑤ Pardon ? C'est à cause de quoi / pour quelle raison ?

죄송합니다. 무슨 이유로요?

프랑스어 작문

제10과
나는 2년 전부터 프랑스어를 공부한다.
J'étudie le français depuis deux ans.

10 나는 2년 전부터 프랑스어를 공부한다.
J'étudie le français depuis deux ans.

주요 표현

depuis ~이래로

J'étudie le français depuis deux ans.
나는 2년 전부터 프랑스어를 공부한다.

faire de mon mieux
최선을 다하다

Je fais de mon mieux en cours de français.
나는 프랑스어 수업에 최선을 다한다.

faire des progrès 발전하다

Je fais des progrès en cours d'anglais.
나는 영어 수업에서 실력이 많이 늘었다.

poser des questions 질문하다　　Je pose des questions en cours de français.
　　　　　　　　　　　　　　　　나는 프랑스어 수업에서 질문한다.

continuer à (+ inf.)　　　　　Je vais continuer à étudier le français l'année prochaine.
~을 계속하다　　　　　　　　나는 내년에 프랑스어 공부를 계속할 것이다.

표현 연습 10

1 문장을 완성시켜보시오.

① J'étudie le français _____ deux ans.
나는 2년전부터 프랑스어를 공부하고 있다.

② Je fais _____ en cours de français.
나는 프랑스어 수업에서 최선을 다한다

③ Je fais _____ en cours d'anglais.
나는 영어 수업에서 많이 늘었다.

④ Je _____ en cours de français.
나는 프랑스어 수업에서 질문을 한다.

⑤ Je vais _____ étudier le français l'année prochaine.
나는 내년에 프랑스어 학습을 계속할 것이다.

2 질문에 답해보시오.

① Depuis combien de temps étudiez-vous le français ?
언제부터 프랑스어 공부를 하나요?

② Allez-vous continuer à étudier le français l'année prochaine ? Pourquoi ?
내년에도 프랑스어 학습을 할 건가요? 이유는?

③ Mentionnez ce que vous faites en cours de français.
프랑스어 수업에서 하는 것을 거론해보시오.

④ Où avez-vous appris à parler si bien le français ?
어디에서 프랑스어를 그렇게 잘 하도록 배웠나요?

3 빈칸을 채우고 질문을 만들어보시오.

<보기> (Nom) Je m'appelle Yves Michel…
내 이름은 이브 미셸이다.

Renseignements personnels 개인정보

(Nom) 성명
(Adresse) 주소

(Nationalité) 국적
(Âge) 나이
(marié/célibataire) 기혼/독신

10 나는 2년 전부터 프랑스어를 공부한다.

① (Nom) _____
② (Adresse) _____
③ (Nationalité) _____
④ (Age) _____
⑤ (marié/célibataire) _____

4 알맞은 표현을 써보시오.

| ai   as   suis   n'es pas   salut |

Marc   : Salut ! C'est Marc.
              안녕, 나 마르크야.

Dominique : Oh, _____ Marc !
              안녕 마르크.

Marc   : J'ai de bonnes nouvelles. J'_____ un nouveau travail !
              좋은 소식이 있어, 새 일을 찾았다.

Dominique : Tu _____ un nouveau travail ? Où ?
              새 일 ? 어딘데?

Marc   : Chez Voyageurs Internationaux, une agence de voyages.
              Je _____ guide touristique !
              국제여행자라는 여행사야. 나는 관광가이드이고.

Dominique : Mais tu _____ guide. Tu es étudiant !
              하지만 너는 가이드 아니고 학생이잖아,

5 문장을 완성시켜보시오.

NOM	ÂGE
Jean-Yves	11
Catherine	31
Pierre	31
Céline	67
Paul	73
Marie	83

<보기> Jean-Yves a onze ans.

장-이브는 11세이다.

① Catherine et Pierre _____

카트린느와 피에르는 31세이다.

② Céline _____

셀린은 67세이다.

③ Paul _____

폴은 73세이다.

④ Marie _____

마리는 83세이다.

10 나는 2년 전부터 프랑스어를 공부한다.

6 다음 문장을 아래와 같이 다시 써보시오.

Mardi, t. chaud tous jours, mais pleut aujourd'hui. Htel super-petit, tranquille, mais grande piscine, 2 restos. Plein de gens intressants. Acheter souvenirs-difficile- ne parlons pas langue. Mais habitants t. gentils, repas magnifiques. À samedi.   Michel et Sylvie

Aujourd'hui, c'est mardi.._____
_____
_____

오늘은 화요일이다. 매일 매우 덥지만 오늘은 비가 온다. 나는 멋진 호텔에 있다. 작지만 조용하고 큰 수영장과 두 개의 식당이 있다. 흥미로운 사람들로 가득하다. 우리는 언어를 못해서 기념품을 사기는 어렵다. 하지만 주민들은 친절하고 식사는 훌륭하다. 토요일에 보자.

미셸과 실비

7 다음 대화를 읽고 Oui 또는 Non으로 답해보시오.

Cécile : Si on prenait le Tunnel sous la Manche pour aller en Angleterre ?
          영국에 가기 위해 영불해저터널을 타는 것은 어떨까,
          (반과거는 권유의 문장)
Didier : Pourquoi ?
          왜?

프랑스어 작문 ··· 153

Cécile : On dit qu'il ne faut que trente-cinq minutes pour traverser la Manche à bord du Shuttle.

셔틀을 타면 영불해협을 35분만에 건널 수 있다고 한다.

Didier : La gare d'embarquement ne va pas être facile à atteindre.

타는 역은 도달하기가 쉽지 않을 텐데

Cécile : Si, le Shuttle part de Coquelles près de Calais, puis on arrive tout près de Folkestone.

셔틀은 칼레 부근 코켈에서 떠나고 포크스톤 옆에 닿는다.

Didier : Il n'y a pas d'autoroutes dans le Kent.

켄트에는 고속도로가 없어.

Cécile : Si, il y a la M 20. C'est une autoroute qui va presque jusqu'à Londres.

왜 아니야, M20이 있다. 이 고속도로는 거의 런던까지 간다.

Didier : Quelle est la différence entre Le Shuttle et Eurostar ? Ce n'est pas la même chose ?

셔틀과 유로스타의 차이가 뭐지? 같은 것 아니야?

Cécile : Le Shuttle, c'est pour les voitures, les cars, les motocyclettes. Eurostar est pour les passagers à pied. On prend le T.G.V. à Paris ou bien à Bruxelles, et puis on arrive à Waterloo au cœur de Londres.

셔틀은 승용차, 버스, 모터사이클을 위한 것이고 유로스타는 보행자를 위한 것이야. 빠리나 브뤼셀에서 TGV를 타면 런던 복판 워털루로 간다.

① Si on voyage en voiture, on prend Eurostar.

승용차로 여행할 때 유로스타를 탄다.

10 나는 2년 전부터 프랑스어를 공부한다.

② En rentrant en France après une visite en Angleterre, on arrive près de Dieppe.
영국 방문을 마치고 프랑스로 돌아올 때 디에프 쪽으로 온다.

③ Il n'y a pas d'autoroute pratique en Angleterre.
영국에는 실용적인 고속도로가 없다.

④ La gare de Waterloo est en Belgique.
워털루 역은 벨기에에 있다.

⑤ Le train de Paris à Waterloo est un train de banlieue.
빠리-워털루 열차는 교외선이다.

8 아래 표현 가운데 골라 대화를 완성시켜보시오.

bon   nationale   fatigué   chaudes   ouverte

Sylvie : Si on allait passer la soirée en ville ?
시내에서 저녁을 보내는 건 어떨까?

Didier : Il y a des feux d'artifice, et puis on peut aller manger, peut-être.
불꽃놀이도 있고 외식도 할 수 있지, 아마.

Sylvie : La crêperie de la place n'est _____ que depuis la fin juin.
Si on allait y manger après les feux d'artifice ?
광장의 크레프 가게는 6월말 이후에나 열어.
불꽃놀이 이후에 식사 하는 건 어떨까

Isabelle : Moi, je veux bien. C'est _____, les crêpes.

프랑스어 작문 ··· 155

　　　　　　Personnellement, je les préfère _____.

　　　　　　나는 좋아. 크레프도 좋고, 개인적으로 뜨거운 크레프를 좋아해.

Didier　　: Georges, tu nous accompagnes ?

　　　　　　조르쥬, 우리와 같이 갈래?

Georges : J'avais l'intention de me coucher tôt ce soir.

　　　　　　Je suis _____.

　　　　　　나는 일찍 자고 싶어, 피곤해.

Isabelle : Mais c'est une fête _____ !

　　　　　　하지만 공휴일이잖아,

9 <보기>와 같이 문장을 만들어보시오.

	Lille	Arras	Amiens	Paris
	06h 04	06h 19	06h 30	07h 50
①	06h 57	07h 12	07h 23	08h 45
②	08h 12	08h 29	08h 38	09h 52

A : S'il vous plat, vous pouvez me dire quelle heure part le train pour Paris ?

　　실례합니다. 빠리행 열차는 몇 시에 떠나나요?

B : Oui..., il part six heures dix-neuf.

　　네... 6시 17분에 떠납니다.

A : Et le voyage dure combien de temps ?

　　여행 소요 시간은요?

B : Il dure une heure et trente et une minutes.

　　1시간 31분 걸립니다.

10 나는 2년 전부터 프랑스어를 공부한다.

① A : _____
　B : _____
　A : _____
　B : _____

② A : _____
　B : _____
　A : _____
　B : _____

표현연습10 해답

1 ① J'étudie le français depuis deux ans.
　　　나는 2년전부터 프랑스어를 공부하고 있다.

② Je fais de mon mieux en cours de français.
　　나는 프랑스어 수업에서 최선을 다한다.

③ Je fais des progrès en cours d'anglais.
　　나는 영어 수업에서 많이 늘었다.

④ Je pose des questions en cours de français.
　　나는 프랑스어 수업에서 질문을 한다.

⑤ Je vais continuer à étudier le français l'année prochaine.
　　나는 내년에 프랑스어 학습을 계속할 것이다.

2 ① J'étudie le français depuis deux ans.
　　　나는 2년전부터 프랑스어를 공부합니다.

② Oui, je vais continuer à étudier le français l'année prochaine, parce que je trouve cette langue intéressante / parce que j'aime bien le français. .....

네, 내년에도 프랑스어 공부를 계속할 겁니다, 이 언어가 흥미롭기 때문입니다.

이 언어를 좋아하기 때문입니다.

③ J'écoute, je lis, j'écris, je répète, je pose des questions, j'apprends des mots nouveau / du nouveau vocabulaire / de la grammaire / des règles de grammaire / la civilisation française. .....

나는 듣고, 읽고, 쓰고, 반복하고 질문합니다. 새 단어 / 세 어휘 / 문법 / 문법 규칙들/ 프랑스 문화를 익힙니다.

④ J'ai appris à parler bien le français au lycée / en France.

나는 프랑스어로 말하는 것을 고교에서/ 프랑스에서 배웠습니다.

3

Renseignements personnels 개인정보

(Nom)	Yves Michel 이브 미셸
(Adresse)	17 rue de Dolving Sarrebourg France
(Nationalité)	française (국적이란 단어의 성(여성)에 일치)
(Âge)	18 ans 18세
(marié/célibataire)	non-marié 미혼

① (Nom) Je m'appelle Yves Michel.

내 이름은 이브 미셸입니다.

② (Adresse) J'habite 17 rue de Dolving à Sarrebourg en France.

스트라스부르 시 돌빙 가(街) 17번지에 삽니다.

10 나는 2년 전부터 프랑스어를 공부한다.

③ (Nationalité) Je suis français. 프랑스인입니다.

④ (Âge) J'ai dix-huit ans. 18세입니다.

⑤ (marié/célibataire) Je ne suis pas marié. 미혼입니다.

4 Marc : Salut ! C'est Marc.
안녕, 나 마르크야.

Dominique : Oh, salut Marc !
안녕 마르크.

Marc : J'ai de bonnes nouvelles. J'ai un nouveau travail !
좋은 소식이 있어, 새 일을 찾았다.

Dominique : Tu as un nouveau travail ? Où ?
새 일 ? 어딘데?

Marc : Chez Voyageurs Internationaux, une agence de voyages. Je suis guide touristique !
국제여행자라는 여행사야. 나는 관광가이드이고.

Dominique : Mais tu n'es pas guide. Tu es étudiant !
하지만 너는 가이드가 아니고 학생이잖아.

5 ① Catherine et Pierre ont trente et un ans.
카트린느와 피에르는 31세이다.

② Céline a soixante-sept ans.
셀린은 67세이다.

③ Paul a soixante-treize ans.
폴은 72세이다.

④ Marie a quatre-vingt-trois ans.
마리는 83세이다.

6 Aujourd'hui, c'est mardi. Il faisait très chaud tous les jours, mais il pleut aujourd'hui. Je suis dans hôtel superbe - il est petit et tranquille, mais il a une grande piscine et deux restaurants. Il est plein de gens intressants. Acheter des souvenirs, c'est difficile parce que nous ne parlons pas la langue. Mais les habitants sont très gentils et les repas sont magnifiques. À samedi !

Michel et Sylvie

오늘은 화요일이다. 매일 매우 덥지만 오늘은 비가 온다. 나는 멋진 호텔에 있다. 작지만 조용하고 큰 수영장과 두 개의 식당이 있다. 흥미로운 사람들로 가득하다. 우리는 언어를 못해서 기념품을 사기는 어렵다. 하지만 주민들은 친절하고 식사는 훌륭하다. 토요일에 보자.

미셸과 실비

7 ① Non, on prend le Shuttle.
아니다. 셔틀을 탄다.
② Non, on arrive à Coquelles, près de Calais.
아니다. 칼레 부근 코클에 도착한다.
③ Si, il y a la M 20.
M20이 있다.
④ Non, elle est en Angleterre.
아니다, 영국에 있다.
⑤ Non, c'est un T.G.V.
아니다, TGV이다.

10 나는 2년 전부터 프랑스어를 공부한다.

8 Sylvie : Si on allait passer la soirée en ville ?

시내에서 저녁을 보내는 건 어떨까?

Didier : Il y a des feux d'artifice, et puis on peut aller manger, peut-être.

불꽃놀이도 있고 외식도 할 수 있지, 아마.

Sylvie : La crêperie de la place n'est ouverte que depuis la fin juin.

Si on allait y manger après les feux d'artifice ?

광장의 크레프 가게는 6월말 이후에나 열어. 불꽃놀이 이후에 식사 하는 건 어떨까.

Isabelle : Moi, je veux bien. C'est bon, les crêpes.

Personnellement, je les préfère chaudes.

나는 좋아. 크레프도 좋고, 개인적으로 뜨거운 크레프를 좋아해.

Didier : Georges, tu nous accompagnes ?

조르쥬, 우리와 같이 갈래?

Georges: J'avais l'intention de me coucher tôt ce soir.

Je suis fatigué.

나는 일찍 자고 싶어, 피곤해.

Isabelle : Mais c'est une fête nationale !

하지만 공휴일이잖아,

9

① A : S'il vous plat, vous pouvez me dire quelle heure part le train pour Amiens ?

실례합니다. 아미앵 행 열차는 언제 떠나나요?

B : Oui..., il part six heures cinquante-sept.

네...6시 57분에 떠납니다.

프랑스어 작문 … 161

A : Et le voyage dure combien de temps ?

그럼 여행 소요 시간은요?

B : Il dure vingt-six minutes.

26분 걸립니다.

② A : S'il vous plat, vous pouvez me dire quelle heure part le train pour Paris ?

실례합니다. 빠리 행 열차는 언제 떠나나요?

B : Oui..., il part huit heures douze.

네... 8시 12분에 출발합니다.

A : Et le voyage dure combien de temps ?

여행 소요 시간은요?

B : Il dure une heure et quarante minutes.

1시간 40분 걸립니다.

프랑스어 작문

제11과
나는 영화관에 간다.
Je vais au cinéma.

11 나는 영화관에 간다.
Je vais au cinéma.

주요 표현

combien de 얼마나 많이
Combien de fois par mois allez-vous au cinéma ?
한 달에 몇 번 영화관에 가시나요?

d'habitude 평소에
D'habitude je vais au cinéma deux fois par mois.
보통 나는 한 달에 두 번 영화관에 간다.

en face de ~의 정면에
Le cinéma est en face de la bibliothèque.
영화관은 도서관 앞에 있다.

faire plaisir 기쁘게 하다
Quand je vais au cinéma avec mon ami, cela me fait plaisir.
내가 친구와 영화보러 가는 것은 즐거운 일이다.

à l'heure 제 시간에
Nous arrivons toujours à l'heure au cinéma.
우리는 늘 제 시간에 영화관에 도착한다.

표현 연습 11

1 다음 문장을 완성시켜보시오.

① _____ fois par mois allez-vous au cinéma ?
한 달에 몇 번 영화관에 가나요?

② D'_____ je vais au cinéma deux fois par mois.
보통 한 달에 두 번 영화관에 갑니다.

③ Le cinéma est _____ de la bibliothèque.
영화관은 도서관 앞에 있다.

④ Cela me _____.
나를 기쁘게 합니다.

⑤ Nous arrivons toujours _____ au cinéma.
우리는 늘 영화관에 제 시간에 도착한다.

2 질문에 답해보시오.

① Combien de fois par mois allez-vous au cinéma ?
한 달에 몇 번 영화관에 가나요?

② D'habitude, avec qui allez-vous au cinéma ?
보통 누구와 영화관에 가나요?

③ Où est le cinéma où vous allez ?

다니는 영화관은 어디인가요?

④ Qui achète les billets ?

누가 티켓을 사나요?

⑤ En général, est-ce que vous arrivez au cinéma de bonne heure, à l'heure, ou en retard ?

일반적으로 영화관에 일찍/제 시간에/늦게 도착하나요?

3 대화를 완성시켜보시오.

A : Où vas-tu ?

어디 가?

B : _____

A : Où est le cinéma ?

영화관은 어디야?

B : _____

A : Vas-tu souvent au cinéma ?

영화관에 자주 가니?

B : _____

4 다음 글을 일고 도표를 완성시켜보시오.

NOTRE VIE

Depuis notre article, le bureau de NOTRE VIE a reçu des centaines de lettres, de télécopies, de coups de téléphone au sujet des nouveaux horaires du complexe sportif municipal. Notre reporter Yves Bertrand s'est rendu au complexe sportif pour poser des questions à ceux qui pratiquent plusieurs sports. Pourront-ils y participer à l'avenir ?

우리들의 삶
지난 기사 이후 "우리들의 삶" 사무실은 시립스포츠센터의 일정에 관한 수백통의 편지, 팩스, 전화를 받았다. 리포터 이브 베르트랑이 스포츠센터로 가서 그곳에서 몇 종목을 하는 사람들에게 질문한다. 그들은 미래에도 할 수 있을까?

Simon a dit qu'il ne pourrait plus faire de tennis le dimanche, seulement le samedi. Comme le complexe sera fermé le lundi et le mardi matin, Sylvie a dit qu'elle ne pourrait plus nager ici. "Lundi, c'est la seule journée où je suis libre," a-t-elle ajouté. Annette a dit: "J'aime faire de l'aérobic et je nageais le vendredi soir aussi, mais maintenant il faut choisir, car tous les deux ont lieu le même soir, le vendredi et je ne suis pas libre le dimanche pour nager."

시몽은 일요일에 테니스를 못하고 토요일에만 할 것 같다고 한다. 스포츠센터가 월, 화요일 아침에 닫기 때문에 실비는 더 이상 여기서 수영을 못한다고 한다. "월요일은 유일하게 시간이 되는 날이에요" 라고 덧붙인다. 아네트는

"금요일에 에어로빅과 수영하기를 좋아했는데 이제 선택해야 한다. 두 종목이 같은 금요일 저녁에 있고 나는 일요일 낮에 수영할 시간이 없다.

Christophe a dit qu'il jouait au tennis le dimanche matin, mais maintenant le tennis a lieu les mercredi et jeudi soirs et comme il travaille à Paris pendant la semaine, il devra aller jouer ailleurs.

크리스토프는 일요일 아침에 테니스를 했는데 이 종목은 수·목요일 저녁이고 주중에 그는 빠리에서 일하기 때문에 다른 곳을 찾아봐야한다.

lundi	mardi	mercredi	jeudi	vendredi	samedi	dimanche
natation 수영	natation 수영				football 축구	tennis 테니스
			aérobic 에어로빅	natation 수영		natation 수영

lundi	mardi	mercredi	jeudi	vendredi	samedi	dimanche

11 나는 영화관에 간다.

5 알맞은 말을 골라 보시오.

> sens   appelle   mal   va   me lève

A : Ça _____ mieux maintenant ?

좀 나아졌어?

B : Non, j'ai toujours _____, chérie. Je ne me _____ pas bien

du tout. Je n'aurais pas dû manger ces fruits de mer.

아니, 계속 아파, 전혀 상태가 좋지 않아. 이 해산물을 먹는 게 아니었어.

A : Qu'est-ce qui ne va pas ?

어디가 안좋아?

B : J'ai la tête qui tourne quand je _____.

일어날 때 어지러워.

A : Tu veux que j'_____ le docteur ?

의사를 불러줄까?

B : Non...

아니.

6 <보기>와 같이 문장을 완성시켜보시오.

<보기> J'aime beaucoup étudier le français. (Il a dit...)

나는 프랑스어 공부를 매우 좋아한다.

Il a dit qu'il aimait beaucoup étudier le français.

그는 프랑스어 공부를 매우 좋아한다고 말했다.

프랑스어 작문 … **169**

① Je ne me sens pas bien.

　나는 상태가 별로 좋지 않다.

　Elle a dit _____

② Je vais me faire opérer.

　나는 곧 수술 받는다.

　Il a dit _____

③ J'ai mal à la tête.

　나는 머리가 아프다.

　Elle a dit _____

④ J'ai mal aux dents.

　나는 치통이 있다.

　Georges a dit _____

⑤ Je ne prendrai pas l'aspirine.

　나는 아스피린을 안먹겠다.

　L'enfant a dit _____

7 순서를 바로 잡아보시오.

　A : Messieurs vous dames, désirez ?

　　손님들 뭘 원하세요?

11 나는 영화관에 간다.

B : eau, s'il Une vous plaît. de avez Vous l'eau minérale ?

물 하나 주세요. 미네랄 워터 있지요?

A : sûr, Bien madame. Est-ce des voulez que vous glaçons ?

물론입니다 부인. 얼음 원하세요?

B : Des, veux merci j'en bien, glaçons.

네, 얼음 원합니다. 감사합니다.

A : Monsieur ?

선생님 ?

C : Vous du café avez ?

커피 있나요?

A : monsieur Oui. express préférez Vous ou un crème ? un

네 손님. 에스프레소와 크렘 가운데 뭘 원하세요?

C : crème, mieux un s'il vous plaît J'aimerais.

크렘 원합니다.

A : Merci, dames Messieurs.

감사합니다. 손님들.

A : _____
B : _____
A : _____
B : _____
A : _____
C : _____
A : _____

C : _____

A : _____

8 괄호안의 동사를 활용해보시오.

① Il _____ frais, alors je _____ un gilet. (faire, prendre)
춥다, 조끼를 입어야겠다.

② Notre voiture ne _____ pas, elle _____ d'essence aujourd'hui. (fonctionner, manquer)
우리 차가 작동이 안된다, 오늘 휘발유가 부족하다.

③ Il _____ généralement tout ce qu'il _____. (recycler, pouvoir)
가능한 모든 것을 재활용한다.

④ Si je _____ que faire, je le ferais tout de suite. (savoir)
어떻게 하는지 안다면 즉각 할 것이다.

⑤ Nous _____ près du théâtre depuis plusieurs années quand l'accident _____. (habiter, se produire)
사고가 타졌을 때 우리는 극장 옆에서 몇 년째 살고 있었다.

11 나는 영화관에 간다.

표현연습11 해답

1 ① Combien de fois par mois allez-vous au cinéma ?

한 달에 몇 번 영화관에 가나요?

② D'habitude je vais au cinéma deux fois par mois.

보통 한 달에 두 번 영화관에 갑니다.

③ Le cinéma est en face de la bibliothèque.

영화관은 도서관 앞에 있다.

④ Cela me fait plaisir.

나를 기쁘게 합니다.

⑤ Nous arrivons toujours à l'heure au cinéma.

우리는 늘 영화관에 제 시간에 도착한다.

2 ① J'y vais une / deux / trois / .... fois par mois.

한 달에 1, 2, 3회 영화관에 갑니다.

② D'habitude, j'y vais avec mes amis.

보통 친구들과 갑니다.

③ Il est devant X / derrière X / à côté de X / près de X.

~ 앞/ 뒤/ 옆에/ 가까이 있습니다.

④ C'est moi (qui achète les billets). / Mon ami. .....

내가/친구가 삽니다.

⑤ En général, j'arrive au cinéma de bonne heure / à l'heure / en retard.

일반적으로 일찍/ 제 시간에/ 늦게 도착합니다.

1 A : Où vas-tu ?

　　어디 가?

　B : Je vais à la faculté. / au cinéma. / au café. / à la librairie.

　　대학교, 영화관, 카페, 서점에

　A : Où est le cinéma ?

　　영화관은 어디야?

　B : Il est tout près d'ici. / devant X / derrière X / à côté de X. .....

　　여기서 아주 가까워, ~앞, 뒤, 옆에

　A : Vas-tu souvent au cinéma ?

　　영화관에 자주 가니?

　B : Oui, j'y vais souvent. / Non, je n'y vais pas souvent.

　　응, 자주 가, / 아니, 자주 가지는 않아

lundi	mardi	mercredi	jeudi	vendredi	samedi	dimanche
fermé 닫음	fermé 닫음				tennis 테니스	
		tennis 테니스	tennis 테니스	aérobic natation 에어로빅/ 수영		natation 수영

1 A : Ça va mieux maintenant ?

　　좀 나아졌어?

　B : Non, j'ai toujours mal, chérie. Je ne me sens pas bien du tout.

11 나는 영화관에 간다.

Je n'aurais pas dû manger ces fruits de mer.

아니, 계속 아파, 전혀 상태가 좋지 않아. 이 해산물을 먹는 게 아니었어.

A : Qu'est-ce qui ne va pas ?

어디가 안좋아?

B : J'ai la tête qui tourne quand je me lève.

일어날 때 어지러워.

A : Tu veux que j'appelle le docteur ?

의사를 불러줄까?

B : Non...

아니.

6 ① Elle a dit qu'elle ne se sentait pas bien.

그녀는 상태가 좋지 않다고 한다.

② Il a dit qu'il allait se faire opérer.

그는 곧 수술받는다고 했다.

③ Elle a dit qu'elle avait mal à la tête.

그녀는 두통이 있다고 했다.

④ Georges a dit qu'il avait mal aux dents.

죠르쥬는 치통이 있다고 한다.

⑤ L'enfant a dit qu'il ne prendrait pas l'aspirine.

어린이는 아스피린을 먹지 않겠다고 한다.

7 A : Messieurs-dames, vous désirez ?

손님들 뭘 원하세요?

B : Une eau, s'il vous plaît. Vous avez de l'eau minérale ?

물 하나 주세요. 미네랄 워터 있지요?

A : Bien sûr, madame. Est-ce que vous voulez des glaçons ?

물론입니다 부인. 얼음 원하세요?

B : Des glaçons, j'en veux bien, merci.

네, 얼음 원합니다. 감사합니다.

A : Monsieur ?

선생님 ?

C : Vous avez du café ?

커피 있나요?

A : Oui monsieur. Vous préférez un express ou un crème ?

네 손님. 에스프레소와 크렘 가운데 뭘 원하세요?

C : J'aimerais mieux un crème, s'il vous plaît.

크렘 원합니다.

A : Merci, Messieurs-dames.

감사합니다. 손님들.

8 ① Il fait frais, alors je prends un gilet.

춥다, 조끼를 입어야겠다.

② Notre voiture ne fonctionne pas, elle manque d'essence aujourd'hui.

우리 차가 작동이 안된다, 오늘 휘발유가 부족하다.

③ Il recycle généralement tout ce qu'il peut.

가능한 모든 것을 재활용한다.

④ Si je savais que faire, je le ferais tout de suite.

어떻게 하는지 안다면 즉각 할 것이다.

⑤ Nous habitions près du théâtre depuis plusieurs années quand l'accident s'est produit.

사고가 터졌을 때 우리는 극장 옆에서 몇 년째 살고 있었다.

프랑스어 작문

제12과
폴은 아무에게도 말하지 않는다.
Paul ne parle à personne.

12 폴은 아무에게도 말하지 않는다.
Paul ne parle à personne.

주요 표현

ne ... personne 아무도 ~ 않다
Il ne parle à personne.
그는 아무에게도 말하지 않는다.

ne .... aucun 어떤 ~도
Il n'a aucun ami.
그는 어떤 친구도 없다.

ne .. plus 더 이상 ~ 않다
Il ne vient plus chez nous.
그는 더 이상 우리 집에 오지 않는다.

ne ... rien 아무도 ~ 않다
Il ne me dit rien.
그는 전혀 말하지 않는다.

ne ... jamais 절대로 ~ 않다
Je ne lui dirai jamais !
나는 그에게 절대로 말하지 않겠다.

표현 연습 12

1 문장을 완성시켜보시오.

① Il _____ parle à _____.
폴은 아무에게도 말하지 않는다.

② Il n'a _____ ami.
그는 어떤 친구도 없다.

③ Il ne vient _____ chez nous.
그는 더 이상 우리집에 오지 않는다.

④ Il ne me dit _____.
그는 내게 아무 말도 않는다.

⑤ Je _____ lui dirai _____ !
나는 그에게 절대로 말하지 않을 것이다.

2 질문에 답해보시오.

① Voyez-vous quelqu'un ?
누군가를 보십니까?

② Avez-vous des frères ?
형제가 있나요?

③ Voyez-vous quelque chose ?

　　무언가를 보십니까 ?

④ Êtes-vous allé en France ?

　　프랑스에 가본 적이 있나요 ?

3 아래 표현을 이용해 문장을 만들어보시오.

> ne... personne　　ne ... aucun　　ne ... plus　　ne ...rien
> ne ... jamais

① 집에 아무도 없다.

② 거기에 대해 어떤 의심도 없다 ; 그가 틀렸다.

③ 방학이다. 과제는 없다.

④ 어제 저녁 이후로 아무것도 먹지 못했다.

⑤ 입에 물고 말하지 않는다.

4 <보기>와 같이 문장을 만들어보시오.

<보기> Je mange toujours des croissants pour mon petit déjeuner. (ne... jamais)
　　　나는 아침식사로 늘 크롸상을 먹는다.

12 폴은 아무에게도 말하지 않는다.

Je ne mange jamais de croissants pour mon petit déjeuner.
나는 아침으로 크롸상을 먹는 일이 절대로 없다.

① Ils en ont beaucoup. (ne rien)
그들이 그것을 얻은 것은 전혀 없다.

② Nous avons plus de 100 euros. (ne que)
우리는 100유로만 있다.

③ Je l'aime toujours. (ne plus)
나는 더 이상 그를 좋아하지 않는다.

④ Il vient me voir tous les jours. (ne jamais)
그는 나를 보러 오는 일이 전혀 없다.

⑤ Vous avez encore du vin dans la cave ? (ne plus)
지하창고에 더 이상 와인이 없나요?

5 아래 표를 보고 질문과 대답을 만들어보시오.

<보기>

PISCINE
HEURES D'OUVERTURE

mardi - samedi :   9 H 00 - 20 H 00
dimanche :   10 H 00 - 17 H 30
lundi :   fermée

수영장 개방시간   화-토 9시~오후8시
일요일   10시~오후5시30분
월 휴관

프랑스어 작문 ··· 183

Q : Elle est ouverte quand, la pisicine ?

수영장은 언제 여나요?

R : Elle est ouverte de neuf heures à vingt heures du mardi au samedi,

et le dimanche de dix heures à dix-sept heures trente.

화-토요일 9시부터 오후 8시, 일요일 10시부터 오후 5시30분까지.

Fermée le lundi.

월요일 휴관

Bureau de Poste

lundi - vendredi   9 H 00 - 17 H 00
samedi   9 H 00 - 12 H 00
dimanche   Fermé

우체국
월-금   9시부터 오후 5시
토요일   9시부터 12시
일요일   휴관

---

① Q : _____

R : _____

Restaurant de la Tour d'Argent

Ouvert   12 H 00 - 15 H 00
19 H 00 - minuit
Tous les jours, sauf le lundi

투르 다르장 레스토랑
영업시간   12시부터 오후3시
오후 7시부터 자정
월요일을 제외한 매일

12 폴은 아무에게도 말하지 않는다.

② Q : _____
　 R : _____

BIBLIOTHÈQUE PUBLIQUE DE BELLEVUE

lundi - vendredi	10 H 00 - 18 H 00
	(fermée de 12 H 30 à 14 H 00)
samedi	10 H 00 - 13 H 00
dimanche	Fermée

벨뷔 공공 도서관

월-금	10시부터 오후6시
	(휴관 12시30분부터 오후2시)
토요일	10시부터 오후 1시
일요일	휴관

③ Q : _____
　 R : _____

---

6 다음 글을 읽고 답해보시오.

Samedi

Maman m'a téléphoné, donc je suis partie un peu tard pour mon rendez-vous avec Marc. Et puis je l'ai vu, dans la rue du Pont avec une autre fille. Mais il n'a rien dit et je me suis fâchée. Je suis rentrée chez moi. J'ai téléphoné à Maman, et lui ai raconté l'histoire. Le soir, Marc m'a téléphoné et nous nous sommes disputés.

　　　　　　　　　　　　　　　　　　　　　　　- Journal de Dominique -

토요일

엄마가 전화를 해서 마르크와의 약속에 좀 늦었다. 그리고 나는 그가 퐁 거리에서 다른 아가씨와 있는 것을 보았다. 그는 내게 아무 말 안했고 나는 화를 냈다. 집으로 돌아왔다. 나는 엄마에게 전화해서 이 이야기를 했다. 저녁에 마르크가 내게 전화를 했고 우리는 다투었다.   - 도미니크의 일기

① Qu'a-t-elle fait aujourd'hui ?

그녀는 오늘 무엇을 했나?

② Où a-t-elle vu Marc ?

그녀는 어디서 마르크를 보았나?

③ Qu'a dit Marc ?

마르크는 뭐라고 했나?

④ À qui Dominique a-t-elle téléphoné ?

도미니크는 누구에게 전화했나?

⑤ Qui a téléphoné à Dominique le soir ?

누가 저녁에 도미니크에게 전화했나?

7 전화번호를 철자로 풀어써보시오.

① 01 22 02 37 66 _____

② 05 36 82 73 14 _____

③ 02 16 28 77 91 _____

12 폴은 아무에게도 말하지 않는다.

④ 04 63 71 31 13 _____
⑤ 03 09 18 55 95 _____

8 알맞은 말로 문장을 완성시켜보시오.

| l'appareil   numéro   trompée   la monnaie |

A : Tu as de _____ pour téléphoner ? Voici une cabine.
  너 전화할 동전 있나? 여기 공중전화가 있다.

B : Non, je n'en ai pas.
  아니, 없어.

A : Ah ! Voilà, j'ai de la monnaie. Où est son nouveau _____ de téléphone ? Je ne peux jamais m'en souvenir... Ah ! Il est ici, dans mon carnet, bien sûr. C'est le 05 69 92 85 71 à Perpignan. Ça sonne. Allô maman ? C'est Isabelle à _____.
  아? 여기 동전 있다. 그의 새 번호 뭐지? 기억 못하는데... 수첩에 있구나. 05 69 92 85 71 페르피냥 시(市). 벨이 울린다. 엄마 ? 이자벨이야.

C : Je ne connais personne qui s'appelle Isabelle, madame. Vous vous êtes _____ de numéro.
  저는 아자벨이란 사람 모릅니다. 부인. 잘못 거셨습니다.

A : Je suis désolée. Au revoir !
  죄송합니다. 안녕히 계세요.

9 알맞은 말을 골라 문장을 완성시켜보시오.

> ne ... pas très bien   ne ... jamais   ne ... pas   ne ... personne
> ne ... plus   ne ... rien   ne ... nulle part   ne ... ni ... ni

① Je _____ vais _____ au complexe sportif samedi car je travaille toujours tard ce soir-là.
나는 토요일에 늘 늦게까지 일해서 스포츠센터에 가는 일이 없다.

② Je _____ sais _____ où aller en vacances cette année.
금년에 어디로 휴가를 갈지 모르겠다.

③ Je viens d'arriver dans cette ville, je _____ connais _____.
나는 방금 이 도시에 도착했고 여기 아는 사람이 없다.

④ Il a cherché partout mais il _____ l'a trouvé _____.
그는 도처에 찾았지만 아무데서도 발견하지 못했다.

⑤ Elle allait souvent à la piscine mais maintenant elle _____ y va _____.
그녀는 자주 수영장에 다녔지만 지금은 더 이상 다니지 않는다.

12 폴은 아무에게도 말하지 않는다.

표현연습12 해답

1 ① Paul ne parle à personne.

폴은 아무에게도 말하지 않는다.

② Il n'a aucun ami.

그는 어떤 친구도 없다.

③ Il ne vient plus chez nous.

그는 다 이상 우리집에 오지 않는다.

④ Il ne me dit rien.

그는 내게 아무 말도 않는다.

⑤ Je ne lui dirai jamais !

나는 그에게 절대로 말하지 않을 것이다.

2 ① Non, je ne vois personne.

아니오, 나는 아무도 보지 못합니다.

② Oui, j'ai un(deux) frère(s). Non, je n'ai pas de frère(s).

네, 형제가 하나 있습니다. 아니오, 형제가 없습니다.

③ Oui, je vois quelque chose / Non, je ne vois rien.

네, 무언가를 봅니다. 아니오, 아무것도 보지 못합니다.

④ Oui, je suis déjà allé en France. Non, je ne suis jamais allé en France.

네, 이미 프랑스에 갔습니다. 아니오, 전혀 프랑스에 못 갔습니다.

3 ① Il n'y a personne dans la maison.

집에 아무도 없다.

② Je n'ai aucun doute là-dessus ; il se trompe.

거기에 대해 어떤 의심도 없다 ; 그가 틀렸다.

③ Ce sont les vacances ; je n'ai plus de devoirs .

방학이다. 과제는 없다.

④ Je n'ai rien pris depuis hier soir.

어제 저녁 이후로 아무것도 먹지 못했다.

⑤ On ne parle jamais la bouche pleine.

입에 물고 말하지 않는다.

4 ① Ils n'en ont rien.

그들이 그것을 얻은 것은 전혀 없다.

② Nous n'avons que 100 euros.

우리는 100유로만 있다.

③ Je ne l'aime plus.

나는 더 이상 그를 좋아하지 않는다.

④ Il ne vient jamais me voir.

그는 나를 보러 오는 일이 전혀 없다.

⑤ Vous n'avez plus de vin dans la cave ?

지하창고에 더 이상 와인이 없나요?

5 ① Q : Elle est ouverte quand, la bibliothèque publique de Bellevue ?

벨뷔 공공도서관은 언제 여나요?

R : Elle est ouverte de dix heures à dix-huit heures du lundi au vendredi

12 폴은 아무에게도 말하지 않는다.

et le samedi, et de dix heures à treize heures.

Fermée le dimanche.

월-금 10시부터 오후 6시, 토요일 10시부터 오후 1시, 일요일 휴관

② Q : Il est ouvert quand, le bureau de poste ?

우체국은 언제 여나요?

R : Il est ouvert de neuf heures à dix-sept heures du lundi au vendredi et le samedi, et de neuf heures à midi.

 Fermé le dimanche.

월-금 9시부터 오후5시, 토요일 0시부터 12시, 일요일 휴무

③ Q : Il est ouvert quand, le restaurant de la Tour d'Argent ?

투르 다르장 레스토랑은 언제 여나요?

R : Il est ouvert de midi à quinze heures et de dix-neuf heures à minuit tous les jours, sauf le lundi.

Fermé le lundi.

월요일을 제외한 매일 12시부터 오후 3시 그리고 오후 7시부터 자정. 월요일 휴무

6 ① Elle s'est disputée avec Marc.

그녀는 마르크와 다투었다.

② Elle l'a vu dans la rue du Pont avec une autre fille.

그녀는 퐁거리에서 다른 아가씨와 있는 마르크를 보았다.

③ Il n'a rien dit.

그는 아무 말 안했다.

④ Elle a téléphoné à sa mère.

그녀는 자기 어머니에게 전화했다.

⑤ (C'est) Marc.

마르크이다.

7 ① zéro un vingt-deux zéro deux trente-sept soixante-six

② zéro cinq trente-six quatre-vingt-deux soixante-dix-sept quatorze

③ zéro deux seize vingt-huit soixante-dix-sept quatre-vingt-onze

④ zéro quatre soixante-trois soixante et onze trente et un treize

⑤ zéro trois zéro neuf dix-huit cinquante-cinq quatre-vingt-quinze

8 A : Tu as de la monnaie pour téléphoner ? Voici une cabine.

너 전화할 동전 있나? 여기 공중전화가 있다.

B : Non, je n'en ai pas.

아니, 없어.

A : Ah ! Voilà, j'ai de la monnaie. Où est son nouveau numéro de téléphone ? Je ne peux jamais m'en souvenir... Ah ! Il est ici, dans mon carnet, bien sûr. C'est le 05 69 92 85 71 à Perpignan. Ça sonne. Allô maman ? C'est Isabelle à l'appareil.

아? 여기 동전 있다. 그의 새 번호 뭐지? 기억 못하는데... 수첩에 있구나. 05 69 92 85 71 페르피냥 시(市). 벨이 울린다. 엄마 ? 이자벨이야.

C : Je ne connais personne qui s'appelle Isabelle, madame. Vous vous êtes

12 폴은 아무에게도 말하지 않는다.

trompée de numéro.

저는 아자벨이란 사람 모릅니다. 부인. 잘못 거셨습니다.

A : Je suis désolée. Au revoir !

죄송합니다. 안녕히 계세요.

8 ① Je ne vais jamais au complexe sportif samedi car je travaille toujours tard ce soir-là.

나는 토요일에 늘 늦게까지 일해서 스포츠센터에 가는 일이 없다.

② Je ne sais pas où aller en vacances cette année.

금년에 어디로 휴가를 갈지 모르겠다.

③ Je viens d'arriver dans cette ville, je ne connais personne.

나는 방금 이 도시에 도착했고 여기 아는 사람이 없다.

④ Il a cherché partout mais il ne l'a trouvé nulle part.

그는 도처에 찾았지만 아무데서도 발견하지 못했다.

⑤ Elle allait souvent à la piscine mais maintenant elle n'y va plus.

그녀는 자주 수영장에 다녔지만 지금은 더 이상 다니지 않는다.

Cannes

프랑스어 작문

제13과
나는 프랑스어로 쓰기 시작한다.
Je commence à écrire en français

13 나는 프랑스어로 쓰기 시작한다.
Je commence à écrire en français

주요 표현

être temps de ~할 시간이다

Il est temps d'aller en cours.
수업에 갈 시간이다.

faire attention 주의하다

Il faut faire attention pour traverser la rue.
길 건널 때 주의해야 한다.

commencer à (+inf.)
~하기 시작하다

Cette année nous commençons à écrire en français.
금년에 나는 프랑스어로 쓰기 시작한다

se servir de ~을 이용하다

Pour écrire, je me sers d'un stylo et d'un cahier.
필기를 위해 나는 만년필과 노트를 이용한다.

avoir de la chance 운이 좋다

J'ai un excellent professeur de français.
J'ai de la chance.
나는 훌륭한 프랑스어 선생님이 있다.
나는 운이 좋다.

표현 연습 13

1 문장을 완성시켜보시오.

① Il est _____ d'aller en cours.
수업시간에 갈 시간이다.

② Il faut _____ pour traverser la rue.
길을 건널 때 주의해야 한다.

③ Cette année nous _____ écrire en français.
금년에 우리는 프랑스어로 쓰기 시작한다.

④ Pour écrire, je _____ un stylo.
쓰기 위해 나는 만년필을 사용한다.

⑤ J'ai un excellent professeur de français. J'ai _____ chance.
나는 훌륭한 프랑스어 선생님을 가졌다. 나는 운이 좋다.

2 질문에 답해보시오.

① Que faut-il faire pour traverser la rue ?
길을 건널 때 어떻게 해야 하나요?

② Qu'est-ce que vous commencez à faire cette année en cours de français ?
프랑스어 수업에서 금년에 무엇을 시작하나요?

③ De quoi est-ce que vous vous servez pour écrire ?

필기를 위해 무엇을 쓰나요?

3 질문에 답해보시오.

1)

> **PAPETERIE ROYALE**
> papier, stylos, cahiers, crayons, règles, gommes
>
> 129, Boulevard Saint Germain, 75007 Paris
> Tél : 01 43 92 68 29
>
> soldes
>   롸얄 문구점
>   종이, 만년필, 노트, 연필, 자, 지우개
>   생 제르맹 로(路) 129번지 파리 7구
>   전화 01 43 92 68 29
>
>   세일 중

① Quel est le nom de cette papeterie ?

문구점 이름은?

② Quelle est l'adresse ?

주소는?

③ Quel est le numéro de téléphone ?

전화번호는 ?

④ Comment sont les prix ?

가격은 어떤가요?

13 나는 프랑스어로 쓰기 시작한다.

⑤ Que voulez-vous acheter dans cette papeterie ?

이 문구점에서 무엇을 사려고 합니까?

2)

**Georgette Blanc
la papeterie Royale.**

129, Boulevard Saint Germain.

01 43 92 68 29

---

① Comment s'appelle la personne ?

이 사람의 이름은 ?

② Quelle est son adresse ?

그의 주소는?

③ Quel est son numéro de téléphone ?

그의 전화번호는?

3) 여러분 각자의 명함을 만들어보시오.

FORUM CORÉE-FRANCE

KIM Jin-Soo

phone : (02) 514-4343

21-3 Kangnam-ro, Kangnam-gu, Séoul, République de Corée

① Comment vous appelez-vous ?

　당신의 이름은 ?

② Quelle est votre adresse ?

　주소는?

③ Quel est votre numéro de téléphone ?

　당신의 전화번호는 ?

4 괄호안의 동사를 바로 활용해보시오.

<보기>　Quand je suis arrivé à la maison je me suis aperçu que j'avais laissé mon parapluie dans l'autobus. (laisser)
집에 도착했을 때, 우산을 버스에 놓고 왔다는 것을 깨달았다.

① Il a fait marche arrière parce qu'......... de route. (se tromper)

　길을 잘못 들었다는 것을 깨닫고 그는 뒤로 돌아 걸었다.

② Il s'est arrêté car un agent de police lui .... (faire signe)

　교통경찰이 신호를 보내서 그는 섰다.

③ Nous avons suivi les indications que vous nous ....(donner)

　우리는 당신이 해준 지적을 따랐다.

13 나는 프랑스어로 쓰기 시작한다.

④ Nous avons continué à rouler parce que le feu .... au vert. (passer)

신호등이 초록색으로 바뀌어 우리는 계속 돌았다.

⑤ Il a eu une contravention parce qu'il n'.................pas .... le panneau de limitation de vitesse. (voir)

그는 속도제한 표지판을 보지 못해서 신호위반을 했다.

5 다음 글을 읽고 문장을 만들어보시오.

Georges : J'aime beaucoup l'histoire, mais je n'aime pas les voyages en groupe.

나는 역사를 좋아하지만 단체여행은 좋아하지 않는다.

Isabelle : J'aime faire des courses et j'aime les Beaux-Arts, surtout les peintures. Les endroits trop fréquentés ne m'intéressent pas.

나는 장보기를 좋아하고 특히 회화를 중심으로 미술을 좋아한다. 사람들이 너무 다니는 곳은 관심이 없다.

Didier : L'histoire m'intéresse beaucoup. Je déteste les vacances en car.

나는 역사에 관심이 있다. 나는 차로 보내는 휴가를 싫어한다.

Sylvie : J'adore les plantes et les animaux. J'aime le tourisme et les choses bizarres. Je n'aime pas tellement les expositions.

나는 식물과 동물을 아주 좋아한다. 나는 관광과 신기한 것들을 좋아한다. 전시회는 별로 좋아하지 않는다.

① Georges dit qu'il _____

조르쥬는 역사를 좋아하지만 단체관광은 좋아하지 않는다고 말한다.

② Isabelle dit qu'elle _____

이자벨은 장보기와 특히 회화를 중심으로 미술을 좋아한다고 말한다. 그녀는 사람들이 너무 찾는 곳은 좋아하지 않는다고 말한다.

③ Didier _____

디디에는 역사를 매우 좋아한다고 말한다. 그는 승용차로 하는 휴가를 싫어한다고 말한다.

④ Sylvie _____

실비는 식물과 동물을 매우 좋아한다고 말한다. 그녀는 관광과 신기한 것들을 좋아한다고 말한다. 그녀는 전시회는 별로 좋아하지 않는다고 말한다.

6 대명사를 이용해 답해 보시오.

① Tu as de l'argent ?

Non, je _____.

돈 있니?

② Tu vas à la caisse ?

Oui, _____ tout de suite.

금고로 가니?

13 나는 프랑스어로 쓰기 시작한다.

③ Vous avez une carte de crédit ?

   Oui, _____ dans mon sac.

   신용카드 있나요?

④ Combien de bouteilles de vin achètent-ils ?

   Ils _____ cinq.

   그들은 와인 몇 병을 사나요?

⑤ Ils vont retirer de l'argent ?

   Oui, ils vont _____.

   그들은 돈을 인출할 것인가요?

⑥ Vous avez perdu des chèques de voyage ?

   Oui, j'_____.

   여행자 수표를 분실했나요?

표현연습13 해답

1 ① Il est temps d'aller en cours.

   수업시간에 갈 시간이다.

   ② Il faut faire attention pour traverser la rue.

   길을 건널 때 주의해야 한다.

   ③ Cette année nous commençons à écrire en français.

   금년에 우리는 프랑스어로 쓰기 시작한다.

④ Pour écrire, je me sers d'un stylo.

쓰기 위해 나는 만년필을 사용한다.

⑤ J'ai un excellent professeur de français. J'ai de la chance.

나는 훌륭한 프랑스어 선생님을 가졌다. 나는 운이 좋다.

2 ① Il faut faire attention.

주의해야 합니다.

② Nous commençons à écrire cette année en cours de français.

우리는 금년 프랑스어 시간에 쓰기를 시작합니다.

③ Je me sers d'un stylo et d'un cahier.

나는 만년필과 노트를 사용합니다.

3 1)

① C'est la papeterie Royale.

롸얄 문구점이다.

② (C'est) 129, Boulevard Saint Germain.

③ C'est le 01 43 92 68 29.

④ Ils sont soldés.

할인가격이다.

⑤ Je veux acheter du papier et des crayons.

종이와 연필을 사려고 한다.

2)

13 나는 프랑스어로 쓰기 시작한다.

① Elle s'appelle Georgette Blanc.

② 129, Boulevard Saint Germain.

③ 01 43 92 68 29

3)

① Je m'appelle KIM Jin-Soo.

② 21-3 Kangnam-ro, Kangnam-gu, Séoul, République de Corée

③ (02) 514-4343

4 ① Il a fait marche arrière parce qu'il s'est trompé de route.

길을 잘못 들었다는 것을 깨닫고 그는 뒤로 돌아 걸었다.

② Il s'est arrêté car un agent de police lui a fait signe.

교통경찰이 신호를 보내서 그는 섰다.

③ Nous avons suivi les indications que vous nous aviez données.

우리는 당신이 해준 지적을 따랐다.

④ Nous avons continué à rouler parce que le feu passait au vert.

신호등이 초록색으로 바뀌어 우리는 계속 돌았다.

⑤ Il a eu une contravention parce qu'il n'a pas vu le panneau de limitation de vitesse.

그는 속도제한 표지판을 보지 못해서 신호위반을 했다.

5 ① Georges dit qu'il aime beaucoup l'histoire, mais qu'il n'aime pas les voyages en groupe.

프랑스어 작문 ··· **205**

조르쥬는 역사를 좋아하지만 단체관광은 좋아하지 않는다고 말한다.

② Isabelle dit qu'elle aime faire des courses et qu'elle aime les Beaux-Arts, surtout. les peintures. Elle dit que les endroits trop fréquentés ne l'intéressent pas.

이자벨은 장보기와 특히 회화를 중심으로 미술을 좋아한다고 말한다. 그녀는 사람들이 너무 찾는 곳은 좋아하지 않는다고 말한다.

③ Didier dit que l'histoire l'intéresse beaucoup. Il dit qu'il déteste les vacances en car.

디디에는 역사를 매우 좋아한다고 말한다. 그는 차로 하는 휴가를 싫어한다고 말한다.

④ Sylvie dit qu'elle adore les plantes et les animaux. Elle dit qu'elle aime le tourisme et les choses bizarres. Elle dit qu'elle n'aime pas tellement les expositions.

실비는 식물과 동물을 매우 좋아한다고 말한다. 그녀는 관광과 신기한 것들을 좋아한다고 말한다. 그녀는 전시회는 별로 좋아하지 않는다고 말한다.

6 ① Non, je n'en ai pas.

아니, 돈 없어.

② Oui, j'y vais tout de suite.

응, 그쪽으로 바로 간다.

③ Oui, j'en ai une dans mon sac.

가방 안에 한 장 있어.

④ Ils en achètent cinq.

그들은 5병 산다.

⑤ Oui, ils vont en retirer.

그래, 그들은 돈을 인출할 것이다.

⑥ Oui, j'en ai perdu.

응, 분실했어.

프랑스어 작문

제14과
나는 더욱 더 일한다.
Je travaille de plus en plus.

14 나는 더욱 더 일한다.
Je travaille de plus en plus.

주요 표현

de plus en plus 점점 더

Je travaille de plus en plus.
나는 점점 더 일을 많이 한다.

du matin au soir 아침부터 저녁까지

Hier, j'ai travaillé du matin au soir.
어제 나는 아침부터 저녁까지 일했다.

ne plus en pouvoir 더 이상 못하다

Je n'en pouvais plus. J'étais très fatigué(e).
더 이상은 그걸 못했다. 매우 피곤했다.

se reposer 휴식하다

Dimanche je me suis reposé(e).
일요일에 나는 쉬었다

se porter mieux 나아지다

Aujourd'hui je me porte beaucoup mieux.
오늘 나는 상태가 나아졌다.

Qu'est-ce qui vous arrive ?
무슨 일인가요?

Qu'est-ce qui vous est arrivé ?
무슨 일이 있었나요?

se blesser 다치다

Je me suis blessé(e) dans un accident. Rien de grave.
나는 사고로 다쳤다. 전혀 중대한 일은 아니다.

표현 연습 14

1 문장을 완성시켜보시오.

① Je travaille de _____ plus.
나는 점점 더 일한다.

② Samedi j'ai travaillé _____ matin _____ soir.
토요일에 나는 아침부터 저녁까지 일했다.

③ Je n'_____ plus. J'étais très fatigué(e).
나는 더 이상 어떻게 할 수 없었다. 나는 아주 피곤했다.

④ Dimanche je _____ reposé(e).
일요일에 나는 쉬었다.

⑤ Aujourd'hui je _____ beaucoup mieux.
오늘, 상태가 매우 좋아졌다.

⑥ Qu'est-_____ vous est arrivé ?
무슨 일이 일어났나요?

2 다음의 대화를 완성시켜보시오.

A : Bonjour ! Annie ? Ici, Monique Paquet. Comment ça va ?

안녕, 아니? 나, 모니크 파케. 잘 지내지?

B : _____

별로야. 사고로 다쳤어,

A : Quoi ? Tu t'es blessée dans un accident ? Quel accident ?

뭐? 사고로 다쳤다고 ? 무슨 사고야?

B : _____

자동차 사고.

A : Oh ! C'est dommage ! Tu vas mieux maintenant ?

오! 이런 ! 지금 좀 나아?

B : _____

그래, 좀 나아, 하지만 완전히 좋지는 않아

A : Tu peux venir à la maison dimanche ?

일요일에 집에 올 수 있어?

B : _____

응, 왜 아냐 ?

A : Alors, à dimanche !

그럼, 일요일에 보자.

B : _____

안녕.

14 나는 더욱 더 일한다.

3 다음 글을 읽고 답해보시오.

Je travaille comme professeur de français, et j'ai des cours le lundi, le mardi et le vendredi matin.
나는 프랑스어 교사로 일하며 월・화・금요일 아침에 수업이 있다.

Je nage tous les mardis et les vendredis soirs, mais j'ai un cours de danse le premier vendredi du mois, donc je ne nage pas ce jour-là.
나는 화・금요일 저녁마다 수영을 하지만 매월 첫 금요일에 무용 수업이 있어서 그날은 수영을 하지 않는다.

Chaque année je fais du camping avec des amis, et cette année nous partons en Espagne, donc nous étudions l'espagnol une fois par semaine, le mercredi matin.
매년 친구들과 캠핑을 하고 금년에는 스페인으로 떠나게 되어 수요일 아침, 주 1 회 스페인어 공부를 한다.

Mais la semaine prochaine je ne pourrai pas y aller parce que je vais chez le dentiste (j'y vais tous les six mois). Ma mère me rend visite une fois par mois, d'habitude c'est le premier week-end du mois, mais ce mois-ci j'ai dû repousser sa visite au deuxième week-end parce que je vais à une soirée samedi soir.
하지만 다음 주 6개월에 한번 가는 치과에 가야해서 참석을 못한다. 나의 어머니는 보통 매달 첫 번째 주말에 나를 찾아오는데 이달에는 토요일 저녁에 파티에 가게 되어서 두 번째 주말로 미뤘다.

<보기> Combien de fois par semaine enseigne-t-elle le français ?

Trois fois par semaine.

그녀는 1주일에 프랑스어를 몇 번 가르칩니까. 주 3회입니다.

① 그녀는 주 몇 회 수영을 하나요?

Deux soirs par semaine. 주 2 회 저녁

② 그녀는 1년에 몇 번 캠핑을 하나요?

Une fois par an. 연 1회

③ 그녀는 1년에 몇 번 치과에 갑니까?

Deux fois par an. 연 2회

④ 그녀는 월 몇 회 무용수업을 합니까?

Un soir par mois. 월 1회 저녁

⑤ 그녀의 어머니는 월 몇 회 그녀를 찾아옵니까?

Un weekend par mois. 월 1회 주말

4 <보기>와 같이 대답해 보시오.

<보기> Vous arrive-t-il de faire du camping ?

캠핑 하는 일이 있나요?

Oui, j'en fais deux fois par an. / Non, je n'en fais jamais.

네, 1년에 두 번 합니다. 아니오, 전혀 안 합니다.

14 나는 더욱 더 일한다.

① Vous arrive-t-il de faire du ski ?
   스키를 타는 일이 있나요?

② Vous arrive-t-il d'aller à l'opéra ?
   오페라에 가는 일이 있나요?

③ Vous arrive-t-il de parler en allemand ?
   독일어를 말하는 일이 있나요?

④ Vous arrive-t-il de boire du cognac ?
   꼬냑을 마실 일이 있나요?

⑤ Vous arrive-t-il de faire du vélo ?
   자전거를 탈 일이 있나요?

5 알맞은 말로 문장을 완성시켜보시오.

> N'importe qui   quelqu'un   aucun   ne...personne   tout le mond

① Je n'irai pas en cours de danse ce soir; il .... y aura .... que je connais.
   나는 오늘 저녁 무용수업에 가지 않을 것이다. 내가 아는 사람이 없을 것이다.

② Tu as laissé la porte ouverte ! .... pourrait entrer !
   너는 문을 열어두었구나! 누구든지 들어올 수 있겠다!

③ Claire ! Il y a .... qui te demande au téléphone !

　클레르! 네게 전화 왔어,

④ J'ai invité .... à mon anniversaire !

　나는 내 생일에 모든 사람을 초대했다.

⑤ .... de nous n'a réussi à l'examen.

　우리들 가운데 아무도 시험에 성공하지 못했다.

6 대화를 완성시켜보시오.

A : _____

　르메트르 사(社)입니다, 안녕하세요.

B : Je voudrais parler à Monsieur Gérard, s'il vous plaît.

　제라르 씨 부탁합니다.

A : _____

　누구시죠, 선생님?

B : Yves Lemière.

　이브 르미에르입니다.

A : _____

　잠깐만요, 바꿔드리겠습니다.

B : Je vous remercie.

　감사합니다.

14 나는 더욱 더 일한다.

A : _____

죄송합니다 선생님, 전화를 안받습니다.

B : Je peux lui laisser un message ?

메시지를 남길 수 있나요?

A : _____

물론입니다.

Excusez-moi Monsieur je suis désolée mais il ne répond pas.

죄송합니다 선생님, 전화를 안받습니다.

B : Je peux lui laisser un message ?

메시지를 남길 수 있나요?

A : Bien sûr....

물론입니다.

7 다음의 글을 과거 시제로 써보시오.

Le temps

날씨

Jeudi matin il fera frais.

목요일 신선할 것이다.

Les températures maximales seront comprises entre huit et dix degrés et le ciel sera couvert, mais dans l'après-midi le soleil brillera et vous pourrez aller vous promener.

최고 기온은 8도와 10도 사이가 될 것이고 하늘은 구름이 낄 것이지만 오후에 태양이 빛나고 여러분은 산책할 수 있을 것이다.

En fin de soirée, il pleuvra et une petite brume commencera à tomber jusqu'au milieu de la nuit.
Vendredi il fera plus chaud.
오후 늦게 비가 오고 약한 안개가 시작되어 밤의 복판에까지 계속 될 것이다.
금요일은 더 더워질 것이다.

<보기> Jeudi matin, il a fait frais.

목요일 아침, 선선했다. _____

_____

_____

_____

8 <보기>와 같이 다시 써 보시오.

<보기>   Je vais partir demain matin.
내일 아침에 떠나겠다 (근접미래)
Je partirai demain matin.
내일 아침에 떠나겠다. (미래)

14 나는 더욱 더 일한다.

① Il va prendre un abonnement.
그는 정기구독을 할 것이다.

② Je vais lire mon horoscope.
나는 나의 운세를 읽을 것이다.

③ Georges et Isabelle vont faire des mots croisés.
조르쥬와 이자벨은 크로스워드를 할 것이다.

④ Le journaliste va faire un reportage sur la Coupe du Monde.
기자는 월드컵 축구 관련 리포트를 할 것이다.

⑤ Sylvie va répondre à ses lettres.
실비는 그의 편지에 답할 것이다.

9 아래 "당신의 운세"를 읽고 문장을 완성시켜보시오.

CAPRICORNE 염소자리   CANCER 게좌, 해좌(蟹座)

de bonnes nouvelles   un beau cadeau de votre partenaire

좋은 소식   당신 파트너의 좋은 선물

VERSEAU 물병자리   LION 사자자리

un voyage 여행   un(e) nouvel(le) ami(e) 새 친구

프랑스어 작문 ··· 219

POISSONS 물고기자리

une visite 방문

BÉLIER 흰염소자리

pas de problèmes financiers

재정문제 없다.

TAUREAU 황소좌

beaucoup d'exercices en perspective/

앞으로 많은 운동

GÉMAUX 쌍둥이자리

pas de problèmes au bureau

사무적 문제 없음

VIERGE 처녀좌

vous sortirez beaucoup 많은 외출

BALANCE 천칭좌

un nouveau passe-temps

새로운 기분전환

SCORPION 전갈좌

un problème; un ami vous aidera

문제: 친구가 해결

SAGITTAIRE 사수좌

une belle surprise

대단히 놀라운 일

<보기> Capricorne: vous recevrez de bonnes nouvelles cette semaine.
염소자리 : 이번 주에 좋은 소식이 있다.

Verseau: _____

물병자리 : 여행을 하게 된다.

Poissons: _____

물고기자리 : 방문을 받는다.

14 나는 더욱 더 일한다.

Bélier: _____
흰염소자리 : 재정적인 문제가 없다.

Taureaux: _____
 황소좌 : 많은 운동을 히게 된다.

Gémeaux: _____
쌍둥이자리 : 사무적인 문제가 없다.

Cancer: _____
 게좌   : 파트너의 멋진 선물을 받게 된다.

Lion: _____
사자자리 : 새 친구를 알게 된다.

Vierge: _____
처녀좌 : 많은 외출을 하게 된다.

Balance: _____
천칭궁 : 새로운 기분전환을 하게 된다.

Scorpion: _____
전갈좌 : 문제가 있지만 친구의 도움을 받는다.

Sagittaire: _____

사수좌 : 멋진 놀라운 일을 겪는다.

표현연습14 해답

1 ① Je travaille de plus en plus.

나는 점점 더 일한다.

② Samedi j'ai travaillé du matin au soir.

토요일에 나는 아침부터 저녁까지 일했다.

③ Je n'en pouvais plus. J'étais très fatigué(e).

나는 더 이상 어떻게 할 수 없었다. 나는 아주 피곤했다.

④ Dimanche je me suis reposé(e).

일요일에 나는 쉬었다.

⑤ Aujourd'hui je vais beaucoup mieux.

오늘, 상태가 매우 좋아졌다.

⑥ Qu'est-ce qui vous est arrivé ?

무슨 일이 일어났나요?

2 A : Bonjour ! Annie ? Ici, Monique Paquet. Comment ça va ?

안녕, 아니? 나, 모니크 파케. 잘 지내지?

B : Pas très bien. Je me suis blessée dans un accident.

별로야. 사고로 다쳤어,

A : Quoi ? Tu t'es blessée dans un accident ? Quel accident ?

14 나는 더욱 더 일한다.

뭐? 사고로 다쳤다고 ? 무슨 사고야?

B : Dans un accident de voiture.

자동차 사고.

A : Oh ! C'est dommage ! Tu vas mieux maintenant ?

오! 이런 ! 지금 좀 나아?

B : Oui, ça va un peu mieux, mais pas vraiment.

그래, 좀 나아, 하지만 완전히 좋지는 않아

A : Tu peux venir à la maison dimanche ?

일요일에 집에 올 수 있어?

B : Oui, pourquoi pas ?

응, 왜 아냐 ?

A : Alors, à dimanche !

그럼, 일요일에 보자.

B : Au revoir !

안녕.

3 ① Combien de fois par semaine nage-t-elle ?

그녀는 주 몇 회 수영을 하나요?

② Combien de fois par an fait-elle du camping ?

그녀는 1년에 몇 번 캠핑을 하나요?

③ Combien de fois par an va-t-elle chez le dentiste ?

그녀는 1년에 몇 번 치과에 갑니까?

④ Combien de fois par mois a-t-elle un cours de danse ?

그녀는 월 몇 회 무용수업을 합니까?

⑤ Combien de fois par mois la mère va-t-elle chez sa fille ?

그녀의 어머니는 월 몇 회 그녀를 찾아옵니까?

4 ① Oui, j'en fais en hiver.

네, 겨울에 합니다.

② Non, je n'y vais jamais.

아니오, 전혀 하지 않습니다.

③ Oui, je le parle de temps en temps.

네, 이따금 말합니다.

④ Non, je ne bois jamais de cognac.

아니오, 나는 꼬냑을 전혀 마시지 않습니다.

⑤ Oui, je fais du vélo tous les jours.

네, 매일 자전거를 탑니다.

5 ① Je n'irai pas en cours de danse ce soir; il n'y aura personne que je connais.

나는 오늘 저녁 무용수업에 가지 않을 것이다. 내가 아는 사람이 없을 것이다.

② Tu as laissé la porte ouverte ! N'importe qui pourrait entrer !

너는 문을 열어두었구나! 누구든지 들어올 수 있겠다!

③ Claire ! Il y a quelqu'un qui te demande au téléphone !

클레르! 네게 전화 왔어,

④ J'ai invité tout le monde à mon anniversaire !

14 나는 더욱 더 일한다.

나는 내 생일에 모든 사람을 초대했다.

⑤ Aucun de nous n'a réussi à l'examen.

우리들 가운데 아무도 시험에 성공하지 못했다.

6 A : Entreprise Lemaître, bonjour !

르메트르 사(社)입니다, 안녕하세요.

B : Je voudrais parler à Monsieur Gérard, s'il vous plaît.

제라르 씨 부탁합니다.

A : De la part de qui, Monsieur ?

누구시죠, 선생님?

B : Yves Lemière.

이브 르미에르입니다.

A : Attendez un instant, je vous le passe.

잠깐만요, 바꿔드리겠습니다.

B : Je vous remercie.

감사합니다.

7

Le temps

Jeudi matin, il a fait frais.

Les températures maximales ont été comprises entre huit et dix degrés et le ciel a été couvert, mais dans la matinée le soleil a brillé et vous avez pu aller vous promener.

날씨

목요일 아침, 신선했다. 최고 기온은 8도와 10도 사이였고 하늘은 구름이 끼었지만 오전시간에 태양은 빛났고 여러분은 산책할 수 있었다.

En fin de soirée, il a plu et une petite brume a commencé de tomber jusqu'au milieu de la nuit.
Vendredi il a fait plus chaud.

오후 끝무렵에 비가 왔고 약한 안개는 내리기 시작되어 밤의 복판까지 계속되었다.
금요일, 더욱 더웠다,

8 ① Il prendra un abonnement.

그는 정기구독을 할 것이다.

② Je lirai mon horoscope.

나는 나의 운세를 읽을 것이다.

③ Georges et Isabelle feront des mots croisés.

조르쥬와 이자벨은 크로스워드를 할 것이다.

④ Le journaliste fera un reportage sur la Coupe du Monde.

기자는 월드컵 축구 관련 리포트를 할 것이다.

⑤ Sylvie répondra à ses lettres.

실비는 그의 편지에 답할 것이다.

14 나는 더욱 더 일한다.

9 Capricorne : vous recevrez de bonnes nouvelles cette semaine.

염소자리 : 이번 주에 좋은 소식을 듣게 된다.

Verseau : vous ferez un voyage.

물병자리 : 여행을 하게 된다.

Poissons : vous recevrez une visite.

물고기자리 : 방문을 받는다.

Bélier : vous n'aurez pas de problèmes financiers.

흰염소자리 : 재정적인 문제가 없다.

Taureaux : vous ferez beaucoup d'exercices.

황소좌 : 많은 운동을 하게 된다.

Gémeaux : vous n'aurez pas de problèmes au bureau.

쌍둥이자리 : 사무적인 문제가 없다.

Cancer : vous recevrez un beau cadeau de votre partenaire.

게좌 : 파트너의 멋진 선물을 받게 된다.

Lion : vous ferez la connaissance d'un(e) nouvel(le) ami(e).

사자자리 : 새 친구를 알게 된다.

Vierge : vous sortirez beaucoup.

처녀좌 : 많은 외출을 하게 된다.

Balance : vous aurez un nouveau passe-temps.

천칭궁 : 새로운 기분전환을 하게 된다.

Scorpion : vous aurez un problème mais un ami vous aidera.

전갈좌 : 문제가 있지만 친구의 도움을 받는다.

Sagittaire : vous aurez une belle surprise.

사수좌 : 멋진 놀라운 일을 겪는다.

프랑스어 작문

제15과
어제
Hier, …………

15 어제

Hier, ...

주요 표현

demander 요청하다
J'ai demandé de l'argent à mon père.
나는 아버지께 돈을 달라고 했다.

d'abord 우선
D'abord il a refusé.
우선, 그는 거절했다.

tout le temps 늘
Je demande de l'argent à mon père tout le temps !
나는 늘 아버지께 돈을 요구한다.

il y a ~ 전에
Je suis allé à New York il y a longtemps.
나는 오래 전에 뉴욕에 갔었다.

à la maison 집에서
J'ai fêté mon anniversaire à la maison le premier avril.
4월 1일 나는 집에서 생일을 자축했다.

que ... 얼마나 ~한가
J'ai reçu un vélo pour mon anniversaire. Qu'il est beau!
나는 생일 선물로 자전거를 받았다. 얼마나 멋진지.

jusqu'à ~까지   Nous avons chanté et dansé jusqu'à minuit.
우리는 자정까지 노래하고 춤췄다.

표현 연습 15

1 문장을 완성시켜보시오.

① J'ai_____ de l'argent à mon père.
나는 아버지에게 돈을 달라고 했다.

② _____ il a refusé.
우선, 그는 거절했다.

③ Je demande de l'argent à mon père _____ !
나는 늘 아버지에게 돈을 요구한다.

④ Je suis allé à New York il_____ longtemps.
나는 오래 전에 뉴욕에 갔다.

⑤ J'ai fêté mon anniversaire _____ .
나는 집에서 생일 파티를 했다.

2 질문에 답해보시오.

① Avez-vous été en France ?
프랑스에 간 적이 있나요?

② Fêtez-vous votre anniversaire ?

당신 생일 파티를 하나요?

③ Que faites-vous avec votre argent de poche ?

당신의 용돈으로 무엇을 하나요?

3 조동사 avoir 또는 être를 써보시오.

<보기> Théo a acheté deux billets pour le théâtre.

테오는 연극 표를 두 장 샀다.

① Mes cousins _____ venus chez nous pour Noël.

내 사촌들은 크리스마스에 우리집에 왔다.

② Le week-end dernier nous _____ allés au stade pour voir le match.

지난 주말 우리는 경기를 보러 스타디움에 갔다.

③ Laurent _____ regardé deux films à la télévision hier soir.

로랑은 어제 저녁에 TV로 영화 두편을 봤다.

④ Moi, je ne _____ pas restée à la maison.

나는 집에 머물러 있지 않았다.

⑤ Qu'_____-vous fait l'année dernière pendant les vacances ?

지난 해 휴가 때 무엇을 했나요?

15 어제...

⑥ L'enfant _____ tombé de vélo, et s'est cassé la jambe.
어린이는 자전거에서 떨어져 다리를 부러뜨렸다.

4 <보기>와 같이 문장을 만들고 답해보시오.

DIM 6
8h 30
tennis
Pascale

Q : Qu'est-ce que Pascale a fait le dimanche matin ?
파스칼은 일요일 아침에 무엇을 했나?
R : Elle a joué au tennis.
테니스를 했다.

①
Vendredi 4
soir
chez ses parents
Dominique

②
Samedi 5
midi
déjeuner avec Jean
Marc

① Q : 금요일 저녁에 도미니크는 무엇을 했나?
　 R : 그녀는 자기 부모님 댁에 있었다.

② Q : 마르크는 토요일 정오에 무엇을 했나?
　 R : 그는 장과 같이 식사했다.

③
DIM 6
soir
café St. Quentin, Liliane
Anne

④
Vendredi 4
soir
TV
Liliane

③ Q : 안은 일요일 저녁에 무엇을 했나?

R : 릴리안과 같이 생캉탱의 카페에 있었다.

④ Q : 릴리안은 금요일 저녁에 무엇을 했나?

R : 그녀는 TV를 봤다.

5 괄호안의 동사를 활용해보시오.

Serge : Ce sont des guides touristiques ?

관광가이드들인가?

Marc : Oui, pour mes vacances d'été. L'année dernière je (aller) _____

en Turquie, et je (s'amuser bien)_____

응, 여름휴가를 위해서. 작년에 나는 터키에 가서 잘 즐겼어.

Serge : Tu y (aller) _____ en avion ?

비행기로 갔어?

Marc : Bien sûr.

물론.

15 어제...

Serge : Et tu (trouver) _____ un bon hôtel ?

좋은 호텔을 찾았어?

Marc : Oui, je (avoir) _____ de la chance ! Le chaffeur du taxi qui me (prendre) _____ de l'aéroport me (montrer) _____ _____ un bon hôtel.

응, 운이 좋았어. 공항에서 나를 태운 택시기사가 좋은 호텔을 보여줬어.

Serge : Tu (ne pas faire) _____ de réservation ?

예약은 안했어?

Marc : Non, je ne fais jamais de réservation.

아니, 나는 예약하는 일이 없어.

6 <보기>와 같이 어순을 바로 잡아보시오.

<보기> Je donne (le livre) (à Louis). Je le lui donne.

en   le   lui   leur   y   nous   les

① Il enseigne (le français)(à ses enfants)

그는 자식들에게 프랑스어를 가르친다.

② J'ai acheté (ces pommes)(au marché).

나는 이 사과를 시장에서 샀다.

프랑스어 작문 … 235

③ Ils sont allés (au cinéma) hier soir.

그들은 어제 저녁에 영화관에 갔다.

④ Mon père a mis beaucoup de temps (à apprendre l'anglais).

아버지는 영어학습에 많은 시간을 보낸다.

⑤ Sylvie a préparé beaucoup (de choses à manger).

실비는 많은 먹을 것을 준비한다.

⑥ Pierre, mon petit, tu donnes (le couteau)(à Papa et moi), oui ?

피에르 어린이야 선물을 나와 아빠에게 주는 것이지?

7 다음 글을 읽고 알맞은 질문을 만들어보시오.

Pascale Villier est née en Algérie en 1944, d'une mère professeur et d'un père médecin. La famille est venue en France en 1954. Ses parents ont acheté un appartement à Paris.

파스칼 빌리에는 1944년 교사인 어머니, 의사인 아버지 사이에서 알제리에서 태어났다. 그의 가족은 1954년 프랑스에 왔다. 그의 부모는 파링[아파트를 구입했다.

Pascale est allée à l'université de Lille et a étudié les sciences économiques. Elle a été une bonne étudiante, et s'est bien amusée aussi. Elle aimait les voyages, et elle a visité l'Europe, l'Afrique et l'Asie en autobus et par le train.

15 어제...

Après ses études, elle est allée à Lyon, où elle a rencontré Philippe. Ils se sont mariés en 1969.

파스칼은 릴 대학에 진학해서 경제학을 공부했다. 그녀는 모범생이었고 놀기도 잘 했다. 여행을 좋아했고 유럽, 아프리카, 아시아를 관광버스와 열차로 여행했다. 학업을 마치고 그녀는 리옹으로 갔고 거기서 필립을 만났다. 그들은 1969년에 결혼했다.

① Q : 파스칼 빌리에는 언제 태어났나?
   R : En 1944.
      1944년에.

② Q : 그녀의 가족은 언제 프랑스에 왔나?
   R : En 1954.
      1954년에.

③ Q : 그녀의 부모는 어디에서 집을 구입했나?
   R : À Paris.
      빠리에서.

④ Q : 그녀는 어느 대학교를 다녔나?
   R : L'université de Lille.
      릴 대학교.

⑤ Q : 그녀는 무엇을 공부했나?

　　R : Les sciences économiques.

　　　 경제학

⑥ Q : 그녀는 언제 결혼했나?

　　R : En 1969.

　　　 1969년에.

표현연습15 해답

1 ① J'ai demandé de l'argent à mon père.

　　나는 아버지에게 돈을 달라고 했다.

② D'abord il a refusé.

　　우선, 그는 거절했다.

③ Je demande de l'argent à mon père tout le temps !

　　나는 늘 아버지에게 돈을 요구한다.

④ Je suis allé à New York il y a longtemps.

　　나는 오래 전에 뉴욕에 갔다.

⑤ J'ai fêté mon anniversaire à la maison.

　　나는 집에서 생일 파티를 했다.

2 ① Oui, j'ai été en France. / Non, je n'ai jamais été en France.

　　네, 프랑스에 간 적 있습니다. 아니오, 전혀 못 갔습니다.

15 어제...

② Oui, je le fête à la maison avec des amis. / Non, je ne le fête pas.
네, 집에서 친구들과 파티를 합니다. 아니오, 하지 않습니다.

③ Je vais au cinéma, j'achète des CD .....
영화관에 갑니다. CD를 삽니다.

3 ① Mes cousins sont venus chez nous pour Noël.
내 사촌들은 크리스마스에 우리집에 왔다.

② Le week-end dernier nous sommes allés au stade pour voir le match.
지난 주말 우리는 경기를 보러 스타디움에 갔다.

③ Laurent a regardé deux films à la télévision hier soir.
로랑은 어제 저녁에 TV로 영화 두편을 봤다.

④ Moi, je ne suis pas restée à la maison.
나는 집에 머물러 있지 않았다.

⑤ Qu'avez-vous fait l'année dernière pendant les vacances ?
지난 해 휴가 때 무엇을 했나요?

⑥ L'enfant est tombé de vélo, et s'est cassé la jambe.
어린이는 자전거에서 떨어져 다리를 부러뜨렸다.

4 ① Q : Qu'est-ce que Dominique a fait le vendredi soir ?
금요일 저녁에 도미니크는 무엇을 했나?

R : Elle a été chez ses parents.
그녀는 자기 부모님 댁에 있었다.

② Q : Qu'est-ce que Marc a fait le samedi midi ?
마르크는 토요일 정오에 무엇을 했나?

R : Il a déjeuné avec Jean.
그는 장과 같이 식사했다.

③ Q : Qu'est-ce qu'Anne a fait le dimanche soir ?
안은 일요일 저녁에 무엇을 했나?

R : Elle a été au café St. Quentin avec Liliane.
릴리안과 같이 생캉탱의 카페에 있었다.

④ Q : Qu'est-ce que Liliane a fait le vendredi soir ?
릴리안은 금요일 저녁에 무엇을 했나?

R : Elle a regardé la télé.
그녀는 TV를 봤다.

5 Serge : Ce sont des guides touristiques ?
관광가이드 책들인가?

Marc : Oui, pour mes vacances d'été. L'année dernière je suis allé en Turquie, et je me suis bien amusé.
응, 여름휴가를 위해서. 작년에 나는 터키에 가서 잘 즐겼어.

Serge : Tu y es allé en avion ?
비행기로 갔어?

Marc : Bien sûr.
물론.

Serge : Et tu as trouvé un bon hôtel ?
좋은 호텔을 찾았어?

Marc : Oui, j'ai eu de la chance ! Le chaffeur du taxi qui m'a pris

15 어제...

　　　à l'aéroport m'a montré un bon hôtel.

　　　응, 운이 좋았어. 공항에서 나를 태운 택시기사가 좋은 호텔을 보여줬어.

Serge : Tu n'as pas fait de réservation ?

　　　예약은 안했어?

Marc : Non, je ne fais jamais de réservation.

　　　아니, 나는 예약하는 일이 없어.

6 ① Il le leur enseigne.

　　그는 그들에게 프랑스어를 가르친다.

② Je les y ai achetées.

　　나는 거기서 사과를 샀다.

③ Ils y sont allés hier soir.

　　그들은 거기에 어제 저녁에 갔다.

④ Mon père y a mis beaucoup de temps.

　　아버지는 그것에 많은 시간을 보낸다.

⑤ Sylvie en a préparé beaucoup.

　　실비는 그것을 많이 준비했다.

⑥ Pierre, mon petit, tu nous le donnes, oui ?

　　피에르, 어린이야, 우리에게 선물을 주는 것이지 ?

7 ① Q : Quand est-ce que Pascale Villier est née ?

　　파스칼 빌리에는 언제 태어났나?

R : En 1944.

1944년에.

② Q : Quand est-ce que sa famille est venue en France ?

그녀의 가족은 언제 프랑스에 왔나?

R : En 1954.

1954년에.

③ Q : Où ses parents ont-ils acheté une maison ?

그녀의 부모는 어디에서 집을 구입했나?

R : À Paris.

빠리에서.

④ Q : Quelle université a-t-elle fréquenté ?

그녀는 어느 대학교를 다녔나?

R : L'université de Lille.

릴 대학교.

⑤ Q : Qu'est-ce qu'elle a étudié ?

그녀는 무엇을 공부했나?

R : Les sciences économiques.

경제학

⑥ Q : Quand est-ce qu'elle s'est mariée ?

그녀는 언제 결혼했나?

R : En 1969.

1969년에.

프랑스어 작문

제16과
어느 부인이 빵집에서 나왔다.
Une dame est sortie d'une boulangerie.

16 어느 부인이 빵집에서 나왔다.
Une dame est sortie d'une boulangerie.

주요 표현

sortir de ~에서 나오다
Une dame est sortie d'une boulangerie.
어떤 부인이 빵집에서 나왔다.

s'arrêter 서다
Elle s'est arrêtée devant la boutique.
그녀는 가게 앞에서 섰다.

s'approcher de ~에 다가가다
Une autre dame s'est approchée d'elle.
또 다른 여자가 그녀에게 다가갔다.

se mettre à (+inf.) ~를 시작하다
Elles se sont mises à parler.
그 여자들은 이야기를 시작했다.

sans doute 아마
Sans doute elles étaient amies.
아마 그 여자들은 친구였던 것 같다.

mettre 입다, 쓰다
La petite fille a mis le nouveau chapeau de sa mère.
계집아이는 어머니의 새 모자를 썼다.

tout à coup 갑자기   Tout à coup, sa mère est entrée dans la chambre.
                               갑자기 그의 어머니는 방에 들어왔다.

se fâcher 화내다   Sa mère s'est fâchée.
                               그의 어머니는 화를 냈다.

tout de suite 즉시   La petite fille a tout de suite commencé à pleurer.
                               소녀는 곧 울기 시작했다.

instant 순간   A cet instant son père est rentré et l'a consolée.
                               방금 그의 아버지가 돌아와 그녀를 달래주었다.

표현 연습 16

1 문장을 완성시켜보시오.

① Une dame _____ une boulangerie.
어떤 부인이 빵집에서 나왔다.

② Elle s'_____ devant la boutique.
그녀는 가게 앞에서 섰다.

③ Une autre dame _____ d'elle.
또 다른 부인이 그녀에게 다가갔다.

④ Elles _____ à parler.

그 여자들은 말하기 시작했다.

⑤ _____ elles étaient amies.

아마도 그 여자들은 친구였던 것 같다.

⑥ La petite fille _____ le nouveau chapeau de sa mère.

계집아이는 자기 어머니의 새 모자를 썼다.

2 그림을 보고 답해봅시다.

① Qui est sorti de la boulangerie ?

어떤 부인이 빵집에서 나왔다.

② Où est-ce que la femme s'est arrêtée ?

그녀는 가게 앞에 섰다.

③ Qui s'est approché de la femme ?

또 다른 부인이 다가갔다.

16 어느 부인이 빵집에서 나왔다.

3 다음을 읽고 참(vrai)인지 거짓(faux)인지 말해보시오.

Pascale : Où est Jean-Claude ?
장-클로드 어디 있지?

Nadine : Je ne sais pas. Je ne l'ai pas vu depuis hier.
몰라. 어제부터 못봤어.

Pascale : Comment ? Il ne s'est pas encore levé ? Mais il est presque l'heure de déjeuner !
뭐? 아직 안 일어났다고? 지금은 거의 점심시간이야.

Nadine : Il est allé à la discothèque hier soir, n'est-ce pas ? Il est probablement fatigué.
그는 어제 저녁에 디스코테크에 갔지? 그는 아마 지쳤어.

Pascale : Ça m'est égal. Jean-Claude, lève-toi ! C'est l'heure de déjeuner. Nadine, tu as rangé ta chambre ?
나도 마찬가지야. 장-클로드, 일어나! 점심식사 시간이다.
나딘, 너는 네 방 정리했어?

Nadine : Pas encore. Je le ferai cet après-midi.
아직, 오후에 할거야.

Pascale : Mais tu vas au festival de jazz cet après-midi.
하지만 너는 오후에 재즈 페스티발에 가잖아.

Nadine : Je sais, je sais.
알았어, 알았어.

Pascale : Tu as promené le chien ?
너는 개 산책 시켰어?

Nadine : Non, je m'excuse. J'ai oublié.
아니, 미안해. 잊었어.

Pascale : Nadine, qu'est-ce que tu as ? Tu oublies tout en ce moment.
나딘, 무슨 일 있니? 너는 지금 모든 걸 잊었어.

① Jean-Claude est toujours au lit.
장-클로드는 늘 침대에 있다.

② Nadine a vu Jean-Claude à la discothèque.
나딘은 장-클로드를 디스코테크에서 봤다.

③ Nadine n'a pas rangé sa chambre.
나딘은 자기 방을 정돈하지 않았다.

④ Nadine n'a pas sorti le chien.
나딘은 개를 산책시키지 않았다.

⑤ Ils ont déjà pris le déjeuner.
그들은 이미 식사를 했다.

4 <보기>와 같이 질문과 대답을 만들어보시오.

<보기> ranger / salon

Tu as rangé le salon ?

Oui, je l'ai déjà fait. Non, je ne l'ai pas encore fait.

16 어느 부인이 빵집에서 나왔다.

거실을 정리했니?
응, 이미 했어. / 아니, 아직 안 했어.

① laver 씻다 / voiture 승용차

② acheter 사다 / provisions 필수품

③ faire 하다 / vaisselle 설거지

④ faire 하다 / gâteaux 케이크

⑤ mettre 넣다 / lettres la poste 우체국에

5 괄호안의 동사를 긍정(+) 또는 부정(-)으로 만들어보시오..

Dominique : Anne ! Ça(faire+) _____ longtemps que je (te voir-) _____ !
Ça va ?
안! 못본지 오래 되었다. 잘 지내지?

Anne : Dominique ! C'est merveilleux de te voir. Je (aller+)_____ bien. On me (dire+)_____ que tu avais un nouveau travail ?
도미니크! 만나서 반갑다. 난 잘 지내.
너는 새로운 일을 한다며.

Dominique : Oui. Je (travailler+)_____ pour cette agence depuis à peu près deux mois maintenant, et je l'(aimer+)_____ beaucoup. Je (tre+)_____ rarement ici, parce que je (tre+)_____ si souvent à la Martinique. Et toi, que(faire+)_____ -tu ?
응, 이 여행사에서 일한지 두 달되었어. 지금은 이 일이 좋아. 나는 아주 가끔 여기와. 마르티니크에 자주 가거든. 너는 뭐하니?

Anne : Je(travailler+)_____ toujours à l'hpital.
나는 늘 병원에서 일해.

16 어느 부인이 빵집에서 나왔다.

6 아래 도표를 보고 문장을 만들어보시오.

<보기> J'ai étudié le français depuis cinq ans.
        나는 5년째 프랑스어를 공부하고 있다.

① 나는 2년간 스페인어를 공부했다.

② 나는 3년간 테니스를 했다.

③ 나는 5년 전부터 조깅을 했다.

7 다음을 일고 답해보시오.

Chre Tante Marie,
Est-ce que tu peux m'aider ? Mon problme, c'est que je suis trop grosse. Quand j'étais petite, ma mère préparait des gâteaux et des desserts merveilleux, et j'en ai trop mangé. J'étais déjà grosse lorsque j'avais douze ans. L'année dernière je me suis mise au régime, mais je ne suis pas devenue plus mince. Et je ne peux pas dormir parce que j'ai toujours faim, donc je suis fatiguée, et ça se voit. Et je me sens si seule. Qu'est-ce que je peux faire ?
                                                                       Denise

사랑하는 마리 아줌마
나 좀 도와줄 수 있어? 내 문제는 너무 뚱뚱하다는 것이야. 내가 어릴 때 엄마는 너무 훌륭한 케이크와 디저트를 준비해주었고 나는 그것을 너무 먹었어, 내가 12살일 때 이미 뚱뚱했어. 작년에 나는 다이어트를 시작했지만 나는 날씬해지지 않았어. 나는 배가 고파서 잠을 못 자고 자연히 나는 피곤해. 외로움을 느껴. 나는 어떻게 하지?
                                                                       드니즈

Chère Denise,
Quand on est trop gros, le régime, c'est important, bien sûr, mais l'exercice, c'est important aussi. Pourquoi tu ne deviens pas membre d'un club sportif, ou d'un cours de gymnastique ? On rencontre plein de gens intéressants quand on fait du sport. Et quand on fait de l'exercice, on se sent mieux et on a meilleure mine. Bonne chance !
                                                                Tante Marie

사랑하는 드니즈,
지나치게 뚱뚱할 때 다이어트는 물론 중요하다. 하지만 운동도 중요하단다. 왜 스포츠클럽이나 헬스클럽 회원이 되지 않니? 운동을 하면 많은 관심있는 사람을 알게 된다. 운동을 하면 기분이 좋아지고 얼굴도 좋아진다, 행운을 빈다.
                                                                    마리 아줌마

16 어느 부인이 빵집에서 나왔다.

<보기> La mère de de Denise ne cuisinait-elle pas bien ?

Si, elle cuisinait trs bien.

드니즈의 어머니는 요리를 잘 못 했나요?

왜 아니에요, 아주 잘 했습니다.

① Marie ne mangeait-elle pas beaucoup quand elle tait jeune ?

마리는 어릴 때 많이 먹지 않았나요?

② Est-elle devenue beaucoup plus maigre après avoir suivi un régime ?

다이어트 이후 그녀는 날씬해졌나요?

③ A-t-elle mauvaise mine parce qu'elle a toujours faim ?

그녀는 너무 배가 고파 안색이 좋지 않나요?

④ Quand on est trop gros, le régime et l'exercice ne sont-ils pas importants ?

뚱뚱할 때 다이어트와 운동은 중요하지 않은가요?

⑤ Rencontre-t-on beaucoup de gens ennuyeux quand on fait du sport ?

운동할 때 많은 지루해하는 사람을 만나게 되나요?

표현연습16 해답

1 ① Une dame est sortie d'une boulangerie.

어떤 부인이 빵집에서 나왔다.

② Elle s'est arrêtée devant la boutique.

그녀는 가게 앞에서 섰다.

③ Une autre dame s'est approchée d'elle.

또 다른 부인이 그녀에게 다가갔다.

④ Elles se sont mises à parler.

그 여자들은 말하기 시작했다.

⑤ Sans doute elles étaient amies.

아마도 그 여자들은 친구였던 것 같다.

⑥ La petite fille a mis le nouveau chapeau de sa mère.

계집아이는 자기 어머니의 새 모자를 썼다.

2 ① Une dame (est sortie de la boulangerie).

어떤 부인이 빵집에서 나왔다.

② Elle s'est arrêtée devant la boutique.

그녀는 가게 앞에 섰다.

③ Une autre dame (s'est approchée de la femme).

또 다른 부인이 다가갔다.

3 ① vrai 참 ② je ne sais pas 모름 ③ vrai 참 ④ vrai 참 ⑤ faux 거짓

4 ① Tu as lavé la voiture ?

세차했니?

Oui, je l'ai déjà fait. / Non, je ne l'ai pas encore fait.

응, 이미 했어. / 아니. 아직 안했어,

16 어느 부인이 빵집에서 나왔다.

② Tu as acheté les provisions ?

필요한 물건 샀니?

Oui, je l'ai déjà fait. / Non, je ne l'ai pas encore fait.

응, 샀어. / 아니, 아직 안 샀어,

③ Tu as fait la vaisselle ?

설거지 했니?

Oui, je l'ai déjà fait. / Non, je ne l'ai pas encore fait.

응, 했어, / 아니, 아직 안했어,

④ Tu as fait les gâteaux ?

케이크 만들었니?

Oui, je l'ai déjà fait. / Non, je ne l'ai pas encore fait.

응, 만들었어, / 아니, 아직 안 했어,

⑤ Tu as mis les lettres la poste ?

편지를 우체국에 부쳤니?

Oui, je l'ai déjà fait. / Non, je ne l'ai pas encore fait.

응, 이미 했어./ 아니, 아직 안했어,

5 Dominique : Anne ! Ça fait longtemps que je ne t'ai pas vu !

　　　　　　　Ça va ?

　　　　　　　안 ! 못본지 오래 되었다. 잘 지내지?

Anne 　　: Dominique ! C'est merveilleux de te voir. Je vais bien.

　　　　　　　On m'a dit que tu avait un nouveau travail ?

　　　　　　　도미니크 ! 만나서 반갑다. 난 잘 지내.

너는 새로운 일을 한다며.

Dominique : Oui. Je travaille pour cette agence depuis à peu près deux mois maintenant, et je l'aime beaucoup. Je suis rarement ici, parce que je suis si souvent à la Martinique. Et toi, que fais-tu ?

응, 이 여행사에서 일한지 두 달되었어. 지금은 이 일이 좋아. 나는 아주 가끔 여기와. 마르티니크에 자주 가거든. 너는 뭐하니?

Anne : Je travaille toujours à l'hpital.

나는 늘 병원에서 일해.

6 ① J'ai étudié l'espagnol pendant deux ans.

나는 2년간 스페인어를 공부했다.

② J'ai joué au tennis pendant trois ans.

나는 3년간 테니스를 했다.

③ J'ai fait du jogging depuis cinq ans.

나는 5년 전부터 조깅을 했다.

7 ① Si, elle mangeait beaucoup.

왜 아니에요, 많이 먹었어요.

② Non, elle n'est pas devenue plus mince.

아니오, 더 날씬해지지 않았어요.

③ Oui, elle a mauvaise mine; elle ne peut pas dormir parce qu'elle a toujours faim.

네, 그녀는 안색이 좋지 않아요. 늘 배가 고파서 잠을 잘 수 없어요.

④ Si, ils sont importants.

그것들은 중요합니다.

⑤ Non, on rencontre beaucoup de gens intéressants.

아니오, 관심있는 사람들을 만납니다.

프랑스어 작문

제17과
나는 오페라에 갔다.
Je suis allé à l'Opéra.

17 나는 오페라에 갔다.
Je suis allé à l'Opéra.

주요 표현

faire la connaissance 알다, 사귀다
Cher ami, j'ai fait la connaissance de beaucoup de personnes ici à Paris.
친구야, 나는 여기 빠리에서 사람들을 많이 사귀었다.

encore une fois 한번 더
Je suis allé(e) à l'Opéra encore une fois.
나는 오페라에 한 번 더 갔다.

à propos 그런데
À propos, aimes-tu l'opéra ?
그런데 너는 오페라를 좋아하니?

oublier de (+inf.) ~을 잊다
N'oublie pas de m'écrire.
내게 편지하는 것 잊지마라.

assister à ~에 참석하다
Hier j'ai assisté à un mariage.
어제 나는 결혼식에 갔다.

en retard 늦은
Je suis arrivé(e) en retard à l'école.
어제 나는 학교에 지각했다.

il y avait ~가 있었다   Il y avait cent personnes.
　　　　　　　　　　　　　100명이 있었다.

à la fin 마지막에   A la fin de la cérémonie, nous sommes allés déjeuner.
　　　　　　　　　　　행사의 끝 순서로 우리는 점심식사를 하러 갔다.

de bon appétit 식욕이 있는   J'ai mangé de bon appétit.
　　　　　　　　　　　　　　　나는 맛있게 먹엇다.

표현 연습 17

1 다음 문장을 완성시켜보시오.

① Cher ami, j'ai _____ de beaucoup de personnes ici à Paris.
친구야, 나는 빠리에서 많은 사람을 사귀었다.

② Je suis allé(e) à l'opéra _____.
나는 오페라에 한번 더 갔다.

③ À _____, aimes-tu l'opéra ?
그런데, 너는 오페라를 좋아하니?

④ N'_____ m'écrire.
내게 편지하는 것 잊지 마라.

⑤ Hier, j'_____ un mariage.

어제, 나는 결혼식에 갔다.

⑥ Je suis arrivé(e) _____ à l'école.

나는 학교에 지각했다.

2 질문에 답해보시오.

① Où avez-vous fait la connaissance de votre meilleur(e) ami(e) ?

어디서 베스트 프렌드를 알게 되었나요?

② Où allez-vous pour écouter de la musique ?

음악을 들으러 어디로 가나요?

③ Nommez deux instruments de musique.

악기 이름 두 개를 대보시오.

④ Avez-vous déjà assisté à un mariage ?

결혼식에 갔던 적이 있나요?

⑤ Est-ce que vous êtes arrivé(e) à l'heure à la cérémonie ?

행사에 제 시간에 도착했나요?

⑥ Combien de personnes y avait-il ?

거기 몇 사람이 있었나요?

17 나는 오페라에 갔다.

3 다음 대화를 읽고 질문에 답해보시오.

Didier : C'est la première fois que tu viens à Saumur ?
소뮈르에 가는 것이 처음이니?

Georges : Non, j'y suis venu avec mes parents quand j'étais petit.
아니, 어릴 때 부모님과 같이 간 적이 있어.

Isabelle : Le château est très beau, tu ne trouves pas ? Ma mère l'a visité quand elle est venue voir ses amis à Tours.
성(城)은 아주 멋져, 그렇지? 어머니는 친구들과 투르에 갔을 때 그곳에 갔던 적이 있어.

Georges : Je me souviens que je m'étais promené dans de beaux jardins.
멋진 정원에서 산책한 것을 기억하고 있어.

① Est-ce que c'est la première fois que Georges vient à Saumur ?
조르쥬가 소뮈르에 간 것이 처음인가?

② Quand est-ce que la mère d'Isabelle a visité Saumur ?
이자벨의 어머니는 언제 소뮈르를 가봤지?

③ Comment est-ce qu'Isabelle a trouvé le château ?
이자벨은 이 성(城)을 어떻게 생각하나?

④ Georges n'a-t-il visité que le château ?
조르쥬는 성만 방문했나?

⑤ Où est la ville de Saumur ?

소뮈르 시는 어디에 있나?

4 괄호안의 동사를 긍정(+) 또는 부정(-)으로 활용해보시오.

Marc : Dominique ! Salut ! Tu (faire+)_____ un bon voyage ?
Tu (avoir+)_____ l'air un peu fatigué.
도미니크 안녕 ! 여행 잘 했어? 조금 피곤해보인다.

Dominique : Oui, en fait je le suis. Ce (être+)_____ merveilleux là-bas,
mais c'est un voyage très long, et je (pouvoir-)_____ dormir.
À propos, toi aussi, tu as mauvaise mine. Qu'est-ce qui
(se passer+) _____ ?
응, 조금 피곤해. 거기는 멋있었지만 여행이 좀 길었고 나는
잘 수 없었어,
그런데, 너도 안색이 안 좋다. 무슨 일이지?

Marc : Je (se sentir+) _____ très malade. J'ai mal à la tête et je
(pouvoir-) _____ dormir hier soir.
매우 아파. 나는 두통이 있고 어제 저녁에 잘 수 없었어.

Dominique : Tu n'as pas la grippe ? Pourquoi tu (rentrer-)_____
chez toi pour te mettre au lit ?
감기 걸렸어? 왜 자러 집에 안가니?

Marc : Je ne peux pas; j'(avoir+)_____ rendez-vous avec un ami au
café à 19h 30.

17 나는 오페라에 갔다.

그럴 수 없어. 나는 오후 7시반에 카페에서 한 친구와 약속이 있다.

5 다음 글의 명령형을 복합과거로 바꿔보시오.

Prenez l'autoroute A10. Sortez à Tours. Tournez à gauche juste après le virage. Au rond-point, prenez la troisième sortie. Au rond-point suivant, allez tout droit. Après le pont, tournez à droite. Continuez sur une dizaine de kilomètres. Au village de la Chapelle, tournez à gauche juste après la Poste. Le restaurant se trouve un peu plus loin, en face de la petite ferme.

고속도로 A10을 타세요. 투르에서 나오세요. 그 다음 모퉁이에서 좌회전하세요. 로터리에서 세 번째 출구로 나가세요. 그 다음 로터리에서 직진하세요. 다리를 지나서 우회전하세요. 10여 킬로미터를 계속 가세요. 샤펠 마을에서 우체국 다음에 좌회전하세요. 레스토랑은 좀 먼 곳에, 작은 농가 앞에 있습니다.

<보기>   Nous avons pris l'autoroute A 10.
        우리는 A10 고속도로를 이용했다.

고속도로 A10을 탔다. 투르에서 나왔다. 그 다음 모퉁이에서 좌회전했다. 로터리에서 세 번째 출구로 나갔다. 그 다음 로터리에서 직진했다. 다리를 지나서 우회전했다. 10여 킬로미터를 계속 갔다. 샤펠 마을에서 우체국 다음에 좌회전했다. 레스토랑은 좀 먼 곳에, 작은 농가 앞에 있었다.

표현연습17 해답

1 ① Cher ami, j'ai fait la connaissance de beaucoup de personnes ici à Paris.

친구야, 나는 빠리에서 많은 사람을 사귀었다.

② Je suis allé(e) à l'opéra encore une fois.

나는 오페라에 한번 더 갔다.

③ À propos, aimes-tu l'opéra ?

그런데, 너는 오페라를 좋아하니?

④ N'oublie pas de m'écrire.

내게 편지하는 것 잊지 마라.

⑤ Hier, j'ai assisté à un mariage.

어제, 나는 결혼식에 갔다.

⑥ J'y suis arrivé(e) en retard à l'école.

나는 학교에 지각했다.

2 ① J'ai fait la connaissance de mon(ma) meilleur(e) ami(e) à l'école.

나는 베스트 프렌드를 학교에서 알았다.

17 나는 오페라에 갔다.

② Je vais au concert.

콘서트에 간다.

③ Le piano, la guitare, le violon, la violoncelle, la flûte .....

피아노, 기타. 바이올린, 첼로, 플루트 ...

④ Oui, j'ai déjà assisté à un mariage. / Non, je n'ai jamais assisté à un mariage.

네, 결혼식에 참석한 일이 있습니다. 아니오, 전혀 참석하지 못했습니다.

⑤ Oui, j'y suis arrivé(e) à l'heure. / Non, j'y suis arrivé(e) en retard.

네, 제 시간에 도착했습니다. 아니오, 지각했습니다.

⑥ Il y avait cinquante / cent personnes.

50/100명 있었습니다.

⑦ Je suis allé(e) déjeuner / dîner.

점심식사/ 저녁식사 하러 갔습니다.

3 ① Non, ce n'est pas la première fois (que Georges vient à Saumur).

아니오, 첫 번째가 아닙니다.

② Elle l'a visité quand elle est venue voir ses amis à Tours.

그녀가 친구들과 투르를 보러 갔을 때이다.

③ Elle l'a trouvé très beau.

아주 멋지다고 생각한다.

④ Non, il s'était promené dans de beaux jardins aussi.

아니오, 그도 멋진 정원에서 산책했다.

⑤ Elle est dans la Touraine.

투렌 지역에 있다.

4 Marc : Dominique ! Salut ! Tu as fait un bon voyage ? Tu as l'air un peu fatigue.

도미니크 안녕 ! 여행 잘 했어? 조금 피곤해보인다.

Dominique : Oui, en fait je le suis. C'était merveilleux l-bas, mais c'est un voyage trs long, et je n'ai pas pu dormir. À propos, toi aussi, tu as mauvaise mine. Qu'est-ce qui se passe ?

응, 조금 피곤해. 거기는 멋있었지만 여행이 좀 길었고 나는 잘 수 없었어.

그런데, 너도 안색이 안 좋다. 무슨 일이지?

Marc : Je me sens trs malade. J'ai mal la tte et je n'ai pas pu dormir hier soir.

매우 아파. 나는 두통이 있고 어제 저녁에 잘 수 없었어.

Dominique : Tu n'as pas la grippe ? Pourquoi tu ne rentres pas chez toi pour te mettre au lit ?

감기 걸렸어? 왜 자러 집에 안가니?

Marc : Je ne peux pas; j'avoir rendez-vous avec un ami au café 19h 30.

그럴 수 없어. 나는 오후 7시반에 카페에서 한 친구와 약속이 있다.

5 Nous avons pris l'autoroute A10. Nous sommes sorti(e)s à Tours. Nous avons tourné à gauche juste après le virage. Au rond-point, nous avons pris la troisième sortie. Au rond-point suivant, nous sommes allé(e)s tout droit. Après le pont, nous avons tourné à droite. Nous avons continué sur une dizaine de kilomètres.

17 나는 오페라에 갔다.

Au village de la Chapelle, nous avons tourné à gauche juste après la Poste. Le restaurant s'est trouvé un peu plus loin, en face de la petite ferme.

고속도로 A10을 탔다. 투르에서 나왔다. 그 다음 모퉁이에서 좌회전했다. 로터리에서 세 번째 출구로 나갔다. 그 다음 로터리에서 직진했다. 다리를 지나서 우회전했다. 10여 킬로미터를 계속 갔다. 샤펠 마을에서 우체국 다음에 좌회전했다. 레스토랑은 좀 먼 곳에, 작은 농가 앞에 있었다.

프랑스어 작문

제18과
무슨 생각을 하세요?
A quoi pensez-vous ?

18 무슨 생각을 하세요?
A quoi pensez-vous ?

주요 표현

penser à ~을 생각하다

A quoi pensez-vous ? Je pense à ce poème.
무엇을 생각하세요?
나는 이 시(詩)를 생각합니다.

avoir le temps de ~할 시간이 있다

J'ai le temps de le lire.
나는 그것을 독서할 시간이 있다.

tout à l'heure 곧

Je vais l'étudier tout à l'heure.
나는 곧 그것을 공부할 것이다.

penser de ~에 대해 생각하다

Que pensez-vous de ce poème ? Je le touve beau.
이 시(詩)에 대해 어떻게 생각하나요? 멋지다고 생각합니다.

apprendre par cœur 외우다

Apprenez-le par cœur !
암기하세요 !

hier soir 어제 저녁에

Je suis arrivé(e) à Paris hier soir. .
나는 어제 저녁에 빠리에 도착했습니다.

quelque chose à (+inf.)
~할 ~이 있다

J'ai quelque chose à te dire.
네게 할 말이 있다.

표현 연습 18

1 다음 문장을 완성시켜보시오.

① À quoi pensez-vous ? Je _____ ce poème.
무엇을 생각하나요? 나는 이 시(詩)를 생각합니다.

② J'ai _____ le lire.
나는 지금 그것을 읽을 시간이 있다.

③ Je vais l'étudier _____ l'heure.
나는 곧 그것을 공부할 것이다.

④ Que _____-vous ce poème ? Je le trouve beau !
이 시(詩) 어때요? 멋집니다.

⑤ Apprenez-le _____
그것을 외우세요.

⑥ Je suis arrivé(e) à Paris _____.
나는 어제 저녁에 빠리에 도착했다.

2 프랑스 속담이 되도록 연결시켜보시오.

Tel père,　　　•　　　•　vingt habits

Vingt têtes,　　•　　　•　le beau temps

Après la pluie,　•　　　•　tel fils

- 부전자전 (父傳子傳) 그 아버지에 그 아들
- 스무 명에 스무 개의 옷, 다양한 의견들
- 비온 뒤에 굳은 땅

3 아래 광고를 보고 질문에 답해보시오.

> **BEL APPARTEMENT**
>
> belle vue
> 2 chambres, 2 bains
> cuisine moderne, grand balcon
> Montparnasse
> tél. 01 45 04 55 14
>
> 멋진 아파트
> 전망 좋음, 침실2 욕실 2
> 현대식 주방, 넓은 발코니
> 몽파르나스

① Où se trouve l'appartement ?

　아파트는 어디 있나요?

18 무슨 생각을 하세요?

② Combien de chambres y a-t-il ?

침실은 몇 개 있나요?

③ Combien de salles de bains y a-t-il ?

욕실은 몇 개 있나요?

④ L'appartement est-il grand ou petit ?

아파트는 큰가요 작은가요 ?

⑤ Quel est le numéro de téléphone ?

전화번호는요?

4 대화를 완성시켜보시오.

A : Allô ! C'est moi, Jacqueline.

여보세요 ! 나, 자크린느.

B : _____

아, 안녕 ! 잘 지내 ?

A : Très bien. Écoute. Veux-tu aller au cinéma avec moi ce soir à huit heures ?

아주 잘 지내. 들어봐. 오늘 오후 8시에 나와 같이 영화보러 가지 않을래?

B : _____

그래, 좋아. 어느 영화관으로 가니?

A : Le cinéma qui se trouve de l'autre côté du parc.

   공원 반대편에 있는 영화관이다.

B : _____

   아! 새 극장!

A : Oui, tu as raison.

   그래, 맞아.

B : _____

   좋아, 가자.

A : D'accord. Au revoir.

   OK. 안녕

B : _____

   안녕

5 아래 이력서를 완성시켜보시오.

CURRICULUM VITAE 이력서	
Nom, prénom	: 성명
Date et lieu de naissance	: 생년월일
Situation de famille	: 혼인 여부
Nationalité	: 국적
Langues parlées	: 구사 언어
Formation	: 교육 경력
Expérience 직업 경험 professionnelle	:
Autres 기타 정보 Renseignements	:
Adresse	: 주소
Téléphone	: 전화

6 다음 메모를 읽고 글을 완성시켜보시오.

NOTE DE SERVICE 업무 보고

À l'attention de Georges Dumas 12.03. 2023
Monsieur Robert

Je suis en voyage jusqu'au premier août, mais à mon retour je voudrais vous parler des affaires. J'espère développer nos relations avec les autres pays européens, ainsi qu'avec les États-Unis. Ma secrétaire vous appellera dès que je serai rentré.

2023년 3월 12일
조르쥬 뒤마 귀하
로베르
저는 8월1일까지 여행 중이지만 복귀하는대로 업무에 관해 말씀드리겠습니다. 미국과 마찬가지로 다른 유럽국가들과의 관계를 발전시키기를 희망합니다. 돌아가는대로 비서가 연락드릴 것입니다.

J'ai une note du PDG sur mon bureau. Il est en voyage _____

_____ il voudrait _____

_____

_____

_____

7 동사를 미래(futur) 또는 전미래(futur antérieur)로 활용해보시오.

① Quand tu le _____ (voir), tu lui _____ (donner) ce cadeau.
네가 그를 만날 때 그에게 선물을 주어라.

② Lorsqu'il _____ (arriver), est-ce que tu lui _____ (montrer) sa chambre ?
그가 도착할 때 그에게 방을 보여줄 것이니?

③ Dès qu'il _____ (terminer) son travail, vous _____ (pouvoir) lui demander de venir me voir ?
그가 일을 끝내면 그에게 나를 보러 오라고 할 수 있나요?

④ Je lui _____ (téléphoner) quand j'_____ (finir) cette lettre.
내가 이 편지를 끝내면 그에게 전화할 것이다.

⑤ Je _____ (venir) te chercher aussitôt que j'_____ (quitter) mon bureau.
내가 퇴근하면서 바로 너를 찾으러 가겠다.

18 무슨 생각을 하세요?

8 다음 광고를 읽고 답해보시오.

Recrutement 사원채용

Nous sommes à la recherche de personnel de vente.
Expérience souhaitée mais pas indispensable.
판매 요원 구인. 경력자 우대 필수는 아님

Les candidats seront de préférence âgés de
25 à 45 ans et devront être capables de
travailler en équipe.

La date limite de dépôt des candidatures
vendredi douze janvier.
Veuillez envoyer une lettre de candidature manuscrite
et votre curriculum vitae à

팀으로 일할 수 있는 25-45세 우대
마감 1월 12일 이력서를 아래 주소로 제출

Annette Dumesnil,
Nouveaux Commerces,
Rue des Rillettes,
72100 Le Mans.
아네트 뒤메닐
신규사업부, 리에트 가(街)
72100 르망

① Si vous étiez choisi(e), que feriez-vous comme travail ?

채용되면 무슨 일을 하나요?

② Travailleriez-vous seul(e) ?

혼자 일하나요?

③ Faut-il avoir de l'expérience ?

경력이 있어야 하나요?

④ Que devrez-vous envoyer à Madame Dumesnil ?

뒤메닐 부인에게 무엇을 보내야 하나요?

⑤ Si vous aviez vingt-deux ans, pourriez-vous poser votre candidature ?

당신이 22세면 지원할 수 있나요?

9 알맞은 말을 골라 써보시오.

| huit | celui | sais | connais | la soirée |

Ma chère Isabelle,

Comme tu le _____, le quinze juillet, c'est mon anniversaire. Je vous invite, toi et Georges à venir passer _____ chez nous. On prendra le dîner vers _____ heures et demie.
Marc et Annette seront là aussi. Tu les _____ ? Marc, c'est _____ qui travaille dans le même bureau que François.
Grosses bises. À bientôt !

Charlotte

Ma chère Charlotte,

Je suis vraiment désolée de ne pas pouvoir accepter ton invitation.

Isabelle

18 무슨 생각을 하세요?

사랑하는 이자벨, 너도 알다시피 7월15일은 내 생일이야. 너와 조르쥬를 우리집 파티에 초대한다. 저녁식사는 오후 8시30분 쯤에 한다.
마르크와 아네트도 온다. 그들 알지? 마르크는 프랑스와와 같은 사무실에서 일해.
뽀뽀. 곧 보자.   샤를로트.

너의 초대를 수락 못해서 정말 유감이다. 어머니기 며칠 전부터 편찮고 나는 꼭 찾아뵈야한다. 초대를 거절해서 정말 슬픈데 곧 유쾌한 저녁모임을 같이 가질 것으로 확신한다. 진심으로 생일 축하한다. 곧 보자. 뽀뽀.

이자벨

표현연습18 해답

1 ① À quoi pensez-vous ? Je pense à ce poème.
　　무엇을 생각하나요? 나는 이 시(詩)를 생각합니다.
② J'ai le temps de le lire.
　　나는 지금 그것을 읽을 시간이 있다.
③ Je vais l'étudier tout à l'heure.
　　나는 곧 그것을 공부할 것이다.
④ Que pensez-vous de ce poème ? Je le trouve beau !
　　이 시(詩) 어때요? 멋집니다.
⑤ Apprenez-le par cœur !
　　그것을 외우세요.

⑥ Je suis arrivé(e) à Paris hier soir.

나는 어제 저녁에 빠리에 도착했다.

2 ① Tel père, tel fils.

부전자전 (父傳子傳) 그 아버지에 그 아들

② Vingt têtes, vingt habits.

스무 명에 스무 개의 옷, 다양한 의견들

③ Après la pluie, le beau temps.

비온 뒤에 굳은 땅

3 ① Il se trouve à Montparnasse.

몽파르나스에 있다.

② Il y a deux chambres.

침실은 2개다.

③ Il y a deux salles de bains.

욕실은 2개다.

④ Il est petit. 작다.

⑤ C'est le zéro un quarante-cinq zéro quatre cinquante-cinq quatorze.

01 45 04 55 14

1 A : Allô ! C'est moi, Jacqueline.

여보세요 ! 나, 자크린느.

B : Ah, bonjour ! Ça va ?

18 무슨 생각을 하세요?

아, 안녕! 잘 지내?

A : Très bien. Écoute. Veux-tu aller au cinéma avec moi ce soir à huit heures ?

아주 잘 지내. 들어봐. 오늘 오후 8시에 나와 같이 영화보러 가지 않을래?

B : Oui, je veux bien. Dans quel cinéma irons-nous ?

그래, 좋아. 어느 영화관으로 가니?

A : Le cinéma qui se trouve de l'autre côté du parc.

공원 반대편에 있는 영화관이다.

B : Ah ! Le nouveau ?

아! 새 극장!

A : Oui, tu as raison.

그래, 맞아.

B : Bien. J'y serai.

좋아, 가자.

A : D'accord. Au revoir !

OK. 안녕

B : Au revoir !

안녕

5

CURRICULUM VITAE 이력서

Nom, prénom : Baik Jin Young 성명
Date et lieu de naissance : 02/06/1999, Séoul 생년월일,출생지
Situation de famille : non marié 미혼
Nationalité : coréenne 국적
Langues parlées:coréen, anglais, français 한국어 영어 프랑스어

Formation : 교육경력
2020-2022 maîtrise (ès lettres) au département de langue et littérature françaises de l'université Munhwa
　　　불어불문학 석사
2018-2020 licence (ès lettres) au département de langue et littérature françaises de l'université Munhwa
　　　불어불문학 학사
Expérience 직업경력
professionnelle :
2022- à présent　professeur de français au lycée Yong-In 프랑스어교사

Autres 기타 정보
Renseignements :
Adresse : 189 Koukidong Jongroku Séoul 주소
Téléphone : 02-379-7445 전화

18 무슨 생각을 하세요?

6 J'ai une note du PDG sur mon bureau. Il est en voyage jusqu'au premier août, mais à son retour il voudrait me parler des affaires. Il espère développer ses relations avec les autres pays européens, ainsi qu'avec les États-Unis. Sa secrétaire m'appellera dès qu'il sera rentré.

사무실에 회장의 업무 메모가 와있다. 그는 8월1일까지 여행 중이지만 복귀하는대로 업무에 관해 말하려고 한다. 미국과 마찬가지로 다른 유럽국가들과의 관계를 발전시키기를 희망한다. 돌아가는대로 비서가 연락할 것이다.

7 ① Quand tu le verras, tu lui donneras ce cadeau.
　　네가 그를 만날 때 그에게 선물을 주어라.

② Lorsqu'il arrivera, est-ce que tu lui montreras sa chambre ?
　그가 도착할 때 그에게 방을 보여줄 것이니?

③ Dès qu'il aura terminé son travail, vous pourrez lui demander de venir me voir ?
　그가 일을 끝내면 그에게 나를 보러 오라고 할 수 있나요?

④ Je lui téléphonerai quand j'aurai fini cette lettre.
　내가 이 편지를 끝내면 그에게 전화할 것이다.

⑤ Je viendrai te chercher aussitôt que j'aurai quitté mon bureau.
　내가 퇴근하면서 바로 너를 찾으러 가겠다.

8 ① Je vendrais des produits. / de la marchandise.
　상품판매를 합니다.

② Non, je travaillerais en groupe.

　　아니오, 그룹으로 일합니다.

③ Non, l'expérience est souhaitée, elle n'est pas indispensable.

　　경력을 선호하지만 필수는 아닙니다.

④ Je devrai lui envoyer une lettre de candidature manuscrite et un C.V. (curriculum vitae).

　　지원서와 이력서를 보내야합니다.

⑤ Oui, pourquoi pas ?

　　네, 지원은 가능합니다.

9　Ma chère Isabelle,

Comme tu le sais, le quinze juillet, c'est mon anniversaire. Je vous invite, toi et Georges à venir passer la soirée chez nous. On prendra le dîner vers huit heures et demie.

Marc et Annette seront là aussi. *Tu les connais ?* Marc, c'est celui qui travaille dans le même bureau que François.

Grosses bises. À bientôt ! Charlotte

사랑하는 이자벨, 너도 알다시피 7월15일은 내 생일이야. 너와 조르쥬를 우리 집 파티에 초대한다. 저녁식사는 오후 8시30분쯤에 한다.

마르크와 아네트도 온다. 그들 알지? 마르크는 프랑수와 같은 사무실에서 일해.

뽀뽀. 곧 보자.　　　　　　　　　　　　　　　　　　　　　　　샤를로트.

18 무슨 생각을 하세요?

Ma chère Charlotte,

Je suis vraiment désolée de ne pas pouvoir accepter ton invitation.

Ma mère est malade depuis quelques jours et il faut absolument que j'aille lui rendre visite. Je suis vraiment navrée de refuser, mais je suis sûre que nous pourrions passer une agréable soirée ensemble une autre fois.

Je te souhaite 'Bon Anniversaire !' de tout cœur, *et à bientôt !*

Grosses bises !

Isabelle

너의 초대를 수락 못해서 정말 유감이다. 어머니기 며칠 전부터 편찮고 나는 꼭 찾아뵈야한다. 초대를 거절해서 정말 슬픈데 곧 유쾌한 저녁모임을 같이 가질 것으로 확신한다. 진심으로 생일 축하한다. 곧 보자. 뽀뽀.   이자벨

프랑스어 작문

제19과
휴가 중
En vacances

19 휴가 중
En vacances

주요 표현

dans huit jours 1주일 후에
J'irai à Paris dans huit jours.
나는 1주일 후에 빠리에 간다.

dans quinze jours 2주일 후에
Je partirai pour Londres dans quinze jours.
나는 2주일 후에 런던에 간다.

s'en aller 가버리다
Cet été je m'en irai à la campagne.
이번 여름 나는 시골에 갈 것이다.

ça et là 여기 저기
A la campagne je me promènerai ça et là.
시골에서 나는 여기저기 다닐 것이다.

en vacances 휴가 중인
J'aime bien partir en vacances.
나는 바캉스 떠나기를 좋아한다.

vouloir bien 원하다
Il veut bien l'accompagner.
나는 그와 동반하고 싶다.

au lieu de (+ inf.) ~대신에
Au lieu de rester à la maison, il veut bien aller se promener.
집에 머무는 대신에 그는 산책하고 싶다.

표현 연습 19

1 다음을 완성시켜보시오.

① J'irai à Paris _____.
나는 다음 주에 빠리에 간다.

② Je partirai pour Londres _____.
나는 2주일 후에 런던에 간다.

③ Je _____ à la campagne cet été.
나는 금년 여름에 시골에 간다.

④ Je me promènerai_____ et _____.
나는 여기저기 산책할 것이다.

⑤ J'aime bien partir _____.
나는 휴가를 떠나고 싶다.

⑥ Il _____ l'accompagner.
그는 그 사람과 같이 가고 싶어한다.

2 다음 두 광고를 읽고 질문에 답해 보시오.

Maison de campagne A	Maison de campagne B
En bordure de mer. 2 chambres. Cuisine. Salle de bains (baignoire et douche). Épicerie à proximité.	Terrasse couverte. 1 chambre. Salle de bains. à 1 km tous commerces. Pêche.

Planche à voile.	Équitation.
	Location de vélos
시골집A	시골집B
바닷가, 침실2, 부엌, 욕실(욕조+샤워)	지붕이 있는 테라스, 침실1, 욕실
가까운 곳에 식료품점	1km안에 모든 상가
요트	낚시, 승마, 자전거 대여

① Où se trouve la maison de campagne A ?

시골집A는 어디 있나요?

② Combien de chambres y a-t-il ?

침실은 몇 개 있나요?

③ Y a-t-il une poste à proximité ?

가까운 곳에 우체국이 있나요?

④ Quels sports peut-on y faire ?

어떤 스포츠를 할 수 있나요?

⑤ Combien de chambres y a-t-il dans la maison de campagne B ?

시골집B에는 침실이 몇 개 있나요?

⑥ Y a-t-il un jardin ?

정원이 있나요?

19 휴가 중

3 아래 메뉴판을 읽고 대화를 완성시켜보시오.

AUBERGE DU CHÂTEAU 성(城)의 식당

Menu à 20 euros 정식 20유로

Hors-d'œuvre 오르되브르
Salade de tomates 토마토 샐러드
Charcuterie de Pays 지역 돼지고기류
Soupe à l'oignon 양파수프
Pâté de campagne 시골 파테

PLATS/Poissons 요리/생선
Truite de rivière 민물송어
Sole meunière 버터에 구운 혀넙치
Moules marinières 홍합

Viandes 고기
Rognons de veau à la Provençale 프로방스 식 송아지 콩팥
Steak-frites 스테이크 프리트
Escalope de porc, sauce normande
얇게 썬 돼지고기 노르망디 소스
Coq au vin
코코뱅

Desserts 디저트
Fruits 과일
Glaces-vanille, fraise, chocolat, café
바닐라 아이스크림, 딸기, 초콜렛, 커피
Flan 크림과자

Fromages 치즈
Plat de fromages 치즈 접시

프랑스어 작문 ··· 293

A : Vous voulez passer votre commande, Monsieur ?

주문하시겠습니까, 선생님?

B : _____

네, 토마토 샐러드, 홍합, 스테이크 프리트 부탁합니다.

A : Vous voulez goûter des spécialités de la région ?

지역특산물 맛 보시겠습니까?

B : _____

됐습니다. 맛을 압니다.

A : Vous voulez un dessert ?

디저트 원하십니까?

B : _____

바닐라 아이스크림 부탁합니다.

Un peu plus tard...

A : Vous avez bien mangé ?

잘 드셨나요?

B : _____

네, 홍합이 맛있었습니다. 계산서 부탁합니다.

4 아래 광고를 읽고 질문을 만들어보시오.

> **PRIX AVANTAGEUX !!!**
>
> petite maison, 2 chambres, salle de bains (pas de douche), cuisine avec machine à laver, petit salon !, garage (à côté), petit jardin derrière la maison (3 petits pommiers).
>
> Appelez 03 43 99 10 23.

19 휴가 중

구입할 기회 !
작은 집, 침실2, 욕실 (샤워 없음), 부엌과 세탁기, 작은 거실 ! 차고(옆), 집 뒤 작은 정원 (세 그루의 사과나무)
전화 03 43 99 10 23

<보기>   Y a-t-il une douche ? 샤워가 있나요?

- Non, il n'y en a pas. 아니오 , 없습니다.

① 침실은 몇 개 있나요?

Il y en a deux.

두 개 있습니다.

② 세탁기가 있나요?

Oui, il y en a une. Elle est dans la cuisine.

네 하나 있습니다. 부엌에 있습니다.

③ 거실은 어떤가요?

Il est petit.

작습니다.

④ 차고는 어디 있나요?

Il est à côté de la maison.

집 옆에 있습니다.

⑤ 정원이 있나요?

Oui, il est derrière la maison.

집 뒤에 있습니다.

⑥ 정원에 무엇이 있나요?

　　Il y a trois petits pommiers.
　　사과나무 세 그루가 있습니다.

5 다음 대화를 읽고 대답해보시오.

Pascale　：A table ! Où sont les enfants ? Le petit déjeuner est prêt !
　　　　　식사해라. 어린이들 어디 있지? 아침식사 준비됐어.

Philippe　：Le petit déjeuner est prêt, mais les enfants ne le sont pas. Nadine est toujours dans son bain et Jean-Claude est toujours au lit. Et il a mon journal.
　　　　　아침식사는 준비됐는데 애들은 없고. 나딘은 늘 욕실에 있고 장-클로드는 계속 침대에 있구나. 그리고 그는 내 신문을 갖고 있고,

Pascale　：Quoi ? Mais il est huit heures.
　　　　　뭐라고? 하지만 8시야.

Philippe　：Moi, je suis prêt. Du café et des croissants ! J'adore le café et les croissants. Ah, voici Nadine !
　　　　　난 준비됐어, 커피와 크롸상 ! 난 커피와 크롸상을 아주 좋아해.

Nadine　：Bonjour Maman ! Bonjour Papa !
　　　　　엄마 아빠 안녕 !

Pascale　：Tu es en retard - il est huit heures.
　　　　　너는 늦었어. 8시야.

Nadine　：Pardon ! C'est mon petit déjeuner ? Du café et des croissants ?
　　　　　Non merci.

미안 ! 내 아침이야? 커피와 크롸상 ? 됐어.

Pascale : Comment ? Mais tu aimes le café et les croissants ?

뭐라고 ? 커피와 크롸상을 좋아한다고?

Nadine : Non, je ne les aime pas.

아니, 안 좋아해.

<보기> Qui est dans le bain ? Nadine est dans le bain.

누가 욕실에 있나? 나딘이 욕실에 있다.

① Qui est toujours au lit ?

누가 계속 침대에 있지?

② Qui a le journal de Philippe ?

누가 필립의 신문을 갖고 있지?

③ Qui est prêt ?

누가 준비됐지?

④ Qui aime le café et les croissants ?

누가 커피와 크롸쌍을 좋아하지?

⑤ Que Nadine doit-elle prendre maintenant ?

나딘은 지금 뭘 먹어야하지?

6 다음 대화를 완성시켜보시오.

① _____

휴가 잘 보냈어?

Isabelle : Oui, c'était formidable, ces vacances !

그래, 이번 휴가 아주 멋졌어.

② _____

어제 저녁 몇 시에 돌아왔지?

Isabelle : Nous sommes arrivés à l'appartement vers sept heures hier soir.

우리는 어제 저녁 7시에 아파트에 도착했어.

③ _____

집에서 저녁 먹었어?

Isabelle : Non, nous sommes sortis dîner.

아니, 외식했어.

④ _____

너희들 끼리만 ?

Isabelle : Non, il y avait deux personnes, Didier et Sylvie, qui passaient leurs vacances dans la maison voisine.

아니 두 사람 더 있었어. 나딘과 실비, 이들은 이웃집에서 휴가를 보냈어.

⑤ _____

그럼 조르쥬는 어때?

Isabelle : Georges ? Oh, comme ci, comme ça.

죠르쥬, 그저 그래.

⑥ _____

오늘 점심 먹으러 올래?

Isabelle : Déjeuner ? Aujourd'hui ? Oh, je veux bien !

점심 ? 좋아 !

19 휴가 중

표현연습19 해답

1 ① J'irai à Paris dans huit jours.

나는 다음 주에 빠리에 간다.

② Je partirai pour Londres dans quinze jours.

나는 2주일 후에 런던에 간다.

③ Je m'en irai à la campagne cet été.

나는 금년 여름에 시골에 간다.

④ Je me promènerai ça et là.

나는 여기저기 산책할 것이다.

⑤ J'aime bien partir en vacances.

나는 휴가를 떠나고 싶다.

⑥ Il veut bien l'accompagner.

그는 그 사람과 같이 가고 싶어한다.

2 ① Elle se trouve en bordure de mer.

바닷가에 있습니다.

② Il y en a deux.

2개 있습니다.

③ Non, il n'y a pas de poste. Il y a une épicerie.

우체국은 없고 식료품점이 있습니다.

④ On peut y faire de la natation et de la planche à voile.

수영과 요트를 할 수 있습니다.

⑤ Il n'y en a qu'une.

프랑스어 작문 ··· 299

1개 있습니다.

⑥ Non, il n'y a pas de jardin. Il y a une terrasse couverte.

정원은 없고 지붕이 있는 테라스가 있습니다.

3 A : Vous voulez passer votre commande, Monsieur ?

주문하시겠습니까, 선생님?

B : Oui, voilà, une salade de tomates, des moules marinières et un steak-frites, s'il vous plaît.

네, 토마토 샐러드, 홍합, 스테이크 프리트 부탁합니다.

A : Vous voulez goûter des spécialités de la région ?

지역특산물 맛 보시겠습니까?

B : Non merci, je les connais.

됐습니다. 맛을 압니다.

A : Vous voulez un dessert ?

디저트 원하십니까?

B : Une glace vanille, s'il vous plaît.

바닐라 아이스크림 부탁합니다.

Un peu plus tard...

잠시 후

A : Vous avez bien mangé ?

잘 드셨나요?

B : Oui, j'ai bien aimé vos moules. Vous avez l'addition ?

네, 홍합이 맛있었습니다. 계산서 부탁합니다.

19 휴가 중

4 ① Combien de chambres y a-t-il ?

　　침실은 몇 개 있나요?

② Y a-t-il une machine à laver ?

　　세탁기가 있나요?

③ Comment est le salon ?

　　거실은 어떤가요?

④ Où est le garage ?

　　차고는 어디 있나요?

⑤ Y a-t-il un jardin ?

　　정원이 있나요?

⑥ Qu'est-ce qu'il y a dans le jardin ?

　　정원에 무엇이 있나요?

5 ① Jean-Claude est toujours au lit.

　　장-클로드는 계속 침대에 있다.

② Jean-Claude a le journal de Philippe.

　　장-클로드는 필립의 신문을 갖고 있다.

③ Philippe est prêt.

　　필립은 준비가 되었다.

④ Philippe aime le café et les croissants.

　　필립은 커피와 크롸상을 좋아한다.

⑤ Elle doit prendre du café de des croissants.

　　그녀는 커피와 크롸상을 먹어야 한다.

6 ① Tu as passé de bonnes vacances ?

휴가 잘 보냈어?

② Hier soir, à quelle heure est-ce que vous êtes arrivés ?

어제 저녁 몇 시에 돌아왔지?

③ Avez-vous dîné à la maison ?

집에서 저녁 먹었어?

④ Vous étiez seuls ?

너희들 끼리만 ?

⑤ Et Georges, comment va-t-il ?

그럼 조르쥬는 어때?

⑥ Peux-tu venir déjeuner à la maison (aujourd'hui) ?

오늘 점심 먹으러 올래?

프랑스어 작문

제20과
필립은 멋지고 지적이다.
Philippe est beau et intelligent.

20 필립은 멋지고 지적이다.
Philippe est beau et intelligent.

주요 표현

au moins 적어도
Hier soir, il est descendu dans la cuisine pour prendre un peu de goûter. Il a mangé au moins quatre tartes.
엊저녁에 그는 간식을 좀 먹으러 부엌에 내려왔다.
그는 최소한 4개의 파이를 먹었다.

avoir mal à ~가 아프다
Il est monté chez lui. Il avait mal à la tête.
그는 자기 집으로 올라갔다. 그는 머리가 아팠다.

rester 머물다
Il est resté dans sa chambre.
그는 자기 방에 머물렀다.

tâcher de (+inf.) 애쓰다
Il a tâché de finir un conte.
그는 이야기 하나를 끝내려고 애썼다.

finir par ~로 끝내다
Il a fini par dormir.
그는 끝내 잠들고 말았다.

jouir de ~를 즐기다
Son père jouit d'une excellente santé.
그의 아버지는 훌륭한 건강을 누리고 있다.

par jour 1일에
Il gagne 100 euros par jour.
그는 하루에 100유로를 번다.

à la fois 동시에   Cet exercice est à la fois amusant et difficile.
                          이 문제는 재미있는 동시에 어렵다.

pas du tout 전혀   Il n'est pas du tout gentil.
                          그는 전혀 친절하지 않다.

표현 연습 20

1 다음을 완성시켜보시오.

① Hier soir, il est descendu dans la cuisine pour prendre un peu de goûter.
Il a mangé _____ quatre tartes.
어제 저녁, 그는 간식을 좀 먹으러 부엌으로 내려갔다.
그는 최소 네 쪽의 파이를 먹었다.

② Il est monté chez lui. Il _____ la tête.
그는 자기 집으로 올라갔다. 그는 두통이 있었다. (반과거)

③ Il _____ dans sa chambre.
그는 자기 방에 머물렀다.

④ Il _____ lire un conte.
그는 이야기를 읽으려고 애썼다.

⑤ Il _____ dormir.
그는 끝내 잠들었다.

⑥ Son père _____ une excellente santé.
그의 아버지는 훌륭한 건강상태를 누리고 있다.

2 질문에 답해보시오.

① Quelle est la profession de votre oncle ?
　삼촌의 직업은 무엇입니까?

② Combien d'heures par jour travaillez-vous ?
　하루에 몇 시간 일하나요?

③ Avez-vous des frères et des sœurs ?
　형제 자매가 있나요?

④ Comment est votre frère(sœur) ?
　형제(자매)는 어떤가요?

3 알맞은 말을 골라 써 보시오.

aussi yeux que assez même longs plutôt porte porter	Salut ! Est-ce qu'on peut se voir vendredi ? 안녕! 금요일에 만나는 것 어때? Si on allait au café du Centre, à 19 heures 30 ? 오후 7시반에 상트르 카페에서 보는 것 어때? Je ne suis pas .... grand et mince .... Bernard, mais je suis quand même .... grand, et je suis .... beau ! J'ai des cheveux .... et noirs, et des .... bruns. 나는 베르나르만큼 크거나 날씬하지 않지만 그래도 큰 편이야. 나는 길고 검은 머리에 　눈은 갈색이다. Je .... toujours un jean. Je vais .... un T-shirt vert et blue, le .... que celui de Bernard. 나는 늘 청바지를 입어, 베르나르 것과 같은 초록과 청색 T셔츠를 입겠다. 　　　　　　À vendredi ! Marc 금요일에 보자, 마르크

20 필립은 멋지고 지적이다.

4 질문에 답해보시오.

Christian	Gérard	Nicole
27 ans	34 ans	31 ans
189 cm	184 cm	178 cm
74 kg	92 kg	61 kg
cheveux noirs, longs	cheveux noirs, courts	cheveux blonds, longs

<보기>   Qui pèse le moins ? Nicole pèse le moins.

누가 체중이 제일 적게 나가나? 니콜이 제일 적게 나간다.

① Qui pèse le plus ?

누가 제일 무겁나?

② Qui est le plus âgé ?

누가 제일 연장자인가?

③ Qui est le plus jeune ?

누가 제일 젊은가?

④ Qui est le plus grand ?

누가 제일 큰 가?

⑤ Qui est plus jeune que Nicole ?

누가 니콜보다 젊은가?

⑥ Qui est moins grand que Christian ?

누가 니콜보다 작은가?

5 다음을 읽고 보기와 같이 다시 써 보시오.

<보기>   Je suis né en Corse. Il est né en Corse..
나는 코르시카에서 태어났다. 그는 코르시카에서 태어났다.

① Je suis né en Corse en 1769. Je suis devenu Premier Consul de France en 1799. J'ai fondé un Empire français en Europe. J'ai épousé Joséphine de Beauharnais. J'ai subi une défaite contre les Russes en 1812. On m'a envoyé à l'île d'Elbe en 1814, mais je suis rentré en France. À Waterloo, j'ai été battu par l'armée de Wellington et des prussiens. On m'a envoyé en exil à Sainte-Hélène.

....

....

나는 1769년 코르시카에서 태어났다. 나는 1799년 제1 집정관이 되었다. 나는 유럽에 프랑스제국을 건설했다. 나는 조세핀 드 보하르네와 결혼했다. 나는 1812년 러시아에게 패했다.
사람들은 1814년 나를 엘베 섬으로 보냈지만 나는 프랑스로 돌아왔다. 나는 워털루에서 웰링톤과 프러시아 군대에 패했다. 사람들은 나를 세인트-헬레나로 유배를 보냈다.

② Je suis née en Pologne en 1867. Mon mari français était chimiste comme

20 필립은 멋지고 지적이다.

moi. En 1903, j'ai été la première femme à recevoir un prix Nobel. C'était le prix Nobel de physique. En 1911 j'ai remporté le prix Nobel de chimie; j'étais la première personne à recevoir deux fois ce prix. J'ai découvert le radium.

....
....

나는 1867년 폴란드에서 태어났다. 내 프랑스인 남편은 나처럼 화학자였다. 1903년 나는 사상 처음 노벨상을 수상한 여성이 되었다. 노벨 물리학상이었다.
1911년 나는 노벨 화학상을 수상했다. 이 상을 두 번 받은 첫 번째 사람이었다. 나는 라디움을 발견했다.

표현연습20 해답

1 ① Hier soir, il est descendu dans la cuisine pour prendre un peu de goûter. Il a mangé au moins quatre tartes.
   어제 저녁, 그는 간식을 좀 먹으러 부엌으로 내려갔다.
   그는 최소 네 쪽의 파이를 먹었다.
② Il est monté chez lui. Il avait mal à la tête.
   그는 자기 집으로 올라갔다. 그는 두통이 있었다.
③ Il est resté dans sa chambre.
   그는 자기 방에 머물렀다.
④ Il a tâché de lire un conte.
   그는 이야기를 읽으려고 애썼다.

⑤ Il a fini par dormir.

그는 끝내 잠들었다.

⑥ Son père jouit d'une excellente santé.

그의 아버지는 훌륭한 건강상태를 누리고 있다.

2 ① Il est professeur. / photographe. / informaticien. / ingénieur. ......

교사, 사진작가, 정보처리사, 엔지니어 ...입니다.

② Il travaille huit heures par jour.

하루 8시간 일합니다.

③ Oui, j'ai un frère. / une sœur. / Non, je n'ai pas de frère. / de sœur.

네, 형제(자매) 하나 있습니다. 아니오, 없습니다.

④ Il est jeune, grand et brun. (Elle est jolie, grande et mince.)

젊고 크고 갈색머리입니다. / 그녀는 귀엽고, 크고 말랐습니다.

3

Salut ! Est-ce qu'on peut se voir vendredi ? 안녕 ! 금요일에 만나는 것 어때? Si on allait au café du Centre, à 19 heures 30 ? 오후 7시반에 상트르 카페에서 보는 것 어때? Je ne suis pas aussi grand et mince que Bernard, mais je suis quand même assez grand ! J'ai des cheveux longs et noirs, et des yeux bruns. 나는 베르나르만큼 크거나 날씬하지 않지만 그래도 큰 편이야. 나는 길고 검은 머리에 눈은 갈색이다. Je porte toujours un jean. Je vais porter un T-shirt vert et bleu, le même que c elui de Bernard. 나는 늘 청바지를 입어, 베르나르 것과 같은 초록과 청색 T셔츠를 입겠다. À vendredi ! Marc 금요일에 보자, 마르크

20 필립은 멋지고 지적이다.

4 ① Gérard pèse le plus.

제라르가 제일 무겁다.

② C'est Gérard. / Gérard est le plus âgé.

제라르가 제일 나이가 많다.

③ C'est Christian. / Christian est le plus jeune.

크리스티앙이 제일 젊다.

④ C'est Christian. / Christian est le plus grand.

크리스티앙이 제일 크다.

⑤ C'est Christian. / Christian est plus jeune que Nicole.

크리스티앙이 니콜보다 젊다.

⑥ Gérard et Nicole le sont. / Gérard et Nicole sont moins grands que Christian.

제라르와 니콜은 크리스티앙보다 작다.

5

① Il est né en Corse en 1769. Il est devenu Premier Consul de France en 1799. Il a fondé un Empire français en Europe. Il a épousé Joséphine de Beauharnais. Il a subi une défaite contre les Russes en 1812. On l'a envoyé à l'île d'Elbe en 1814, mais il est rentré en France. À Waterloo, il a été battu par l'armée de Wellington et des prussiens. On l'a envoyé en exil à Sainte-Hélène.

그는 1769년 코르시카에서 태어났다. 그는 1799년 제1 집정관이 되었다. 그는 유럽에 프랑스제국을 건설했다. 그는 조세핀 드 보하르네와 결혼했

프랑스어 작문 ··· 311

다. 그는 1812년 러시아에게 패했다.

사람들은 1814년 그를 엘베 섬으로 보냈지만 그는 프랑스로 돌아왔다. 그는 워털루에서 웰링톤과 프러시아 군대에 패했다. 사람들은 그를 세인트-헬레나로 유배를 보냈다.

② Elle est née en Pologne en 1867. Son mari français était chimiste comme elle. En 1903, elle a été la première femme à recevoir un prix Nobel. C'était le prix Nobel de physique. En 1911 elle a remporté le prix Nobel de chimie; elle était la première personne à recevoir deux fois ce prix. Elle a découvert le radium.

그녀는 1867년 폴란드에서 태어났다. 그녀의 프랑스인 남편은 그녀처럼 화학자였다.

1903년 그녀는 사상 처음 노벨상을 수상한 여성이 되었다. 노벨 물리학상이었다.

1911년 그녀는 노벨 화학상을 수상했다. 이 상을 두 번 받은 첫 번째 사람이었다. 그녀는 라디움을 발견했다.

참고문헌

Berchiche, Y. (2016), ***Cours de la Sorbonne***, Paris : CLE International

Billaud, S. (2020), ***TCF 250 activités, Pari***s : CLE International

Blanc, J. (2015), ***Escales***, Paris : CLE International

Bossé, J. (2020), ***Exercices pratiques de français***, Québec : Presses de l'Université de Québec

Botlan, C. (2018), ***Test d'évaluation de français*** , Paris : Hachette FLE

Burke, D. (2012), ***Street French Slang***, New York : John Wiley & Sons Inc.

Butler, S. (2005), ***Basic French Workbook***, Princeton : Berlitz

Cassagne, J. (2005), ***101 French Idioms,*** New York : Passport Books

Charon, J. et al. (2005), ***Le français commercial***, Paris : Larousse

CNRSB, (2014), ***Test Laval***, Québec : Presse de l'Université Laval

Corado, L. (2002), ***Français des affaires***, Paris : Hachette

Danilo, M. (2002), ***Le français de l'entreprise*** , Paris : CLE International

Dany, M. et al (2001), ***Le français et la profession***, Paris : Hachette

Delatour, Y. (2015), ***Grammaire pratique du français***, Paris : Hachette FLE

de Roussy de Sales, (2011), ***Easy French Reader***, Chicago : NTC

_____ (2011), ***French Grammar Puzzles***, Chicago : Passport Books

Dournon, J.-Y. (2002), ***La correspondance pratique***,, Librairie générale française

Grandet, E. (2014), ***DELF***, Paris : CLE International

Hamon, A. (2008), ***Grammaire guide pratique***, Paris : Hachette

Hawkins, R. (2011), Practicing French Grammar, Chicago : NTC

Hershfield, S. (2019), French, New York : John Wiley & Sons Inc.

JUBB, M, & ROUXEVILLE A. (2001), ***French grammar in context Analysis and practice***, Chicago : NTC Publishing Group

Julard, J. (2008), ***Le petit livre des tests du français correct***, Paris : First Editions

KAZUE, X. (2005), ***Le français pour vous***, Tokyo : Hakushusha

Kendris, Ch. (2000), ***Write it in French***, New York : Barron's Educational Inc.

Lavenne, Ch. (2010), ***Passage à l'écrit***, Paris : CLE International

_____ (2012), ***Studio 100***, niv.1 et 2, Paris: Didier

Levieux, E. (2009), ***Insiders' French***, Chicago : The University of Chicage Press

Makowski, F. (2003), ***France Europe Express***, Paris : Hachette

Mathy, J. (2007), ***French, 750 Verbs and their uses***, New York : John Wiley & Sons Inc.

Murillo, J. (2011), ***Forum***, Paris : Hachette FLE

Noël-Jothy, F. (2012), ***Certificat d'études de français pratique***, Niveau 1 et 2 , Paris : Didier

Obadia, M. et al (2010), ***D'un écrit à l'autre***, Paris : Hachette

Oudot, S. (2007), ***Guide de correspondance en français***, Chicago: Passport Books

Poirier, M. (2003), ***la Grammaire expliquée***, Québec : Beauchemin

Preston, S. (2010), ***Intermediate French Workbook***, Pinceton : Berlitz

Pomier, N. (2008), ***French correspondence***, Oxford University Press

Rybak, S. (2007), ***Easy French exercises***, Chicago : Passport Book

Rodrigues, I. (2001), ***Srteetwise French***, Chicago : NTC

Rouaix, P. (2009), ***Trouver le mot juste***, Paris : Armand Colin

Shumidt, C. (2009), ***Communicating in French***, New York : McGraw-Hill

Taylor, M. (2007), ***French Word Games & Puzzles***, Chicago : Passport Books

Tempesta, G. (2013), ***Tests CLE***, Paris : CLE International

Thody Ph. et al (2008), ***Mistakable French***, New York: Hippocrene Books

Vergne-Rudio, A. (2010) ***Rajeunissez votre français***, Paris : Edition Decanord

_____ (2000) ***Imaginez votre français***, Paris : Edition Decanord

Vitry, D. (2013), ***Je vais en France, 2003-2004***, Paris : C.N.O.U.S

Williams, S. et al (2005), ***French business correspondence***, New York, Routledge

프랑스어 작문

저 자 김 진 수

발행일 2023년 4월 25일
발행처 도서출판 한불포럼
발행자 김 진 수
          대표전화 010-8650-7208
          주소 서울 성북구 보국문로 30길 15, 104-1511 (02701)
          e 메일 jsk8203@korea.com

등록번호 2022-000075
ISBN 979-11-981128-1-1(03760)

가격 17,000원